绍兴大禹祭典

绍兴大禹祭典

总主编 杨建新

浙江省非物质文化遗产代表作丛书

浙江摄影出版社

吴 军 罗海笛 编著

总 序

浙江省人民政府省长 吕祖善

　　中华传统文化源远流长，多姿多彩，内涵丰富，深深地影响着我们的民族精神与民族性格，润物无声地滋养着民族世代相承的文化土壤。世界发展的历程昭示我们，一个国家和地区的综合实力，不仅取决于经济、科技等"硬实力"，还取决于"文化软实力"。作为保留民族历史记忆、凝结民族智慧、传递民族情感、体现民族风格的非物质文化遗产，是一个国家和地区历史的"活"的见证，是"文化软实力"的重要方面。保护好、传承好非物质文化遗产，弘扬优秀传统文化，就是守护我们民族生生不息的薪火，就是维护我们民族共同的精神家园，对增强民族文化的吸引力、凝聚力和影响力，激发全民族文化创造活力，提升"文化软实力"，实现中华民族的伟大复兴具有重要意义。

　　浙江是华夏文明的重要之源，拥有特色鲜明、光辉灿烂的历史文化。据考古发掘，早在五万年前的旧石器时代，就有原始人类在这方古老的土地上活动。在漫长的历史长河中，浙江大地积淀了著名的"跨湖桥文化"、"河姆渡文化"和"良渚文化"。浙江先民在长期的生产生活中，创造了熠熠生辉、弥足珍贵的物质文化遗产，也创造了丰富多彩、绚丽多姿的非物质文化遗产。在2006年国务院公布的第一批国家级非物质文化遗产名录中，我省项目数量位居榜首，充分反映了浙江非物质文化遗产的博大精深和独特魅力，彰显了浙江深厚的文化底蕴。留存于浙江大地的众多非物质文化遗产，是千百年来浙江人民智慧的结晶，是浙江地域文化的瑰宝。保护好世代相传的浙江非物质文化遗产，并努力发扬光大，是我们这一代人共同的责任，是建设文化大省的内在要求和重要任务，对增强我省"文化软实力"，实施"创业富民、创新强省"总战略，建设惠及全省人民的小康社会意义重大。

浙江省委、省政府和全省人民历来十分重视传统文化的继承与弘扬，重视优秀非物质文化遗产的保护，并为此进行了许多富有成效的实践和探索。特别是近年来，我省认真贯彻党中央、国务院加强非物质文化遗产保护的指示精神，切实加强对非物质文化遗产保护工作的领导，制定政策法规，加大资金投入，创新保护机制，建立保护载体。全省广大文化工作者、民间老艺人，以高度的责任感，积极参与，无私奉献，做了大量的工作。通过社会各界的共同努力，抢救保护了一大批浙江的优秀非物质文化遗产。"浙江省非物质文化遗产代表作丛书"对我省列入国家级非物质文化遗产名录的项目,逐一进行编纂介绍,集中反映了我省优秀非物质文化遗产抢救保护的成果,可以说是功在当代、利在千秋。它的出版对更好地继承和弘扬我省优秀非物质文化遗产,普及非物质文化遗产知识,扩大优秀传统文化的宣传教育,进一步推进非物质文化遗产保护事业发展,增强全省人民的文化认同感和文化凝聚力,提升我省"文化软实力",将产生积极的重要影响。

党的十七大报告指出,要重视文物和非物质文化遗产的保护,弘扬中华文化,建设中华民族共有的精神家园。保护文化遗产,既是一项刻不容缓的历史使命,更是一项长期的工作任务。我们要坚持"保护为主、抢救第一、合理利用、传承发展"的保护方针,坚持政府主导、社会参与的保护原则,加强领导,形成合力,再接再厉,再创佳绩,把我省非物质文化遗产保护事业推上新台阶,促进浙江文化大省建设,推动社会主义文化的大发展大繁荣。

2008年4月8日

前 言

总主编 杨建新

　　"浙江省非物质文化遗产代表作丛书"即将陆续出版了，看到多年来我们为之付出巨大心力的非物质文化遗产保护成果以这样的方式呈现在世人面前，我和我的同事们乃至全省的文化工作者都由衷地感到欣慰。

　　山水浙江，钟灵毓秀，物华天宝，人文荟萃。我们的家乡每一处都留存着父老乡亲的共同记忆。有生活的乐趣、故乡的情怀，有生命的故事、世代的延续，有闪光的文化碎片、古老的历史遗存。聆听老人口述那传讲了多少代的古老传说，观看那沿袭了多少年的传统表演艺术，欣赏那传承了多少辈的传统绝技绝活，参与那流传了多少个春秋的民间民俗活动，都让我深感留住文化记忆、延续民族文脉、维护精神家园的意义和价值。这些从先民们那里传承下来的非物质文化遗产，无不凝聚着劳动人民的聪明才智，无不寄托着劳动人民的情感追求，无不体现了劳动人民在长期生产生活实践中的文化创造。

　　然而，随着现代化浪潮的冲击，城市化步伐的加快，生活方式的嬗变，那些与我们息息相关从不曾须臾分开的文化记忆和民族传统，正在迅速地离我们远去。不少巧夺天工的传统技艺后继乏人，许多千姿百态的民俗事象濒临消失，我们的文化生态从来没有像今天那样面临岌岌可危的境况。与此同时，我们也从来没有像今天那样深切地感悟到保护非物质文化遗产，让民族的文脉得以延续，让人们的精神家园不遭损毁，是如此的迫在眉睫，刻不容缓。

正是出于这样的一种历史责任感，在省委、省政府的高度重视下，在文化部的悉心指导下，我省承担了全国非物质文化遗产保护综合试点省的重任。省文化厅从2003年起，着眼长远，统筹谋划，积极探索，勇于实践，抓点带面，分步推进，搭建平台，创设载体，干在实处，走在前列，为我省乃至全国非物质文化遗产保护工作的推进，尽到了我们的一份力量。在国务院公布的第一批国家级非物质文化遗产名录中，我省有四十四个项目入围，位居全国榜首。这是我省非物质文化遗产保护取得显著成效的一个佐证。

我省列入第一批国家级非物质文化遗产名录的项目，体现了典型性和代表性，具有重要的历史、文化、科学价值。

白蛇传传说、梁祝传说、西施传说、济公传说，演绎了中华民族对于人世间真善美的理想和追求，流传广远，动人心魄，具有永恒的价值和魅力。

昆曲、越剧、浙江西安高腔、松阳高腔、新昌调腔、宁海平调、台州乱弹、浦江乱弹、海宁皮影戏、泰顺药发木偶戏，源远流长，多姿多彩，见证了浙江是中国戏曲的故乡。

温州鼓词、绍兴平湖调、兰溪摊簧、绍兴莲花落、杭州小热昏，乡情乡音，经久难衰，散发着浓郁的故土芬芳。

舟山锣鼓、嵊州吹打、浦江板凳龙、长兴百叶龙、奉化布龙、余杭滚灯、临海黄沙狮子，欢腾喧闹，风貌独特，焕发着民间文化的活力和光彩。

东阳木雕、青田石雕、乐清黄杨木雕、乐清细纹刻纸、西泠印社金石篆刻、宁波朱金漆木雕、仙居针刺无骨花灯、硖石灯彩、嵊州竹编，匠心独具，精美绝伦，尽显浙江"百工之乡"的聪明才智。

龙泉青瓷、龙泉宝剑、张小泉剪刀、天台山干漆夹苎技艺、绍兴黄酒、富阳竹纸、湖笔，传承有序，技艺精湛，是享誉海内外的文化名片。

还有杭州胡庆余堂中药文化，百年品牌，博大精深；绍兴大禹祭典，彰显民族精神，延续华夏之魂。

上述四十四个首批国家级非物质文化遗产项目，堪称浙江传统文化的结晶，华夏文明的瑰宝。为了弘扬中华优秀传统文化，传承宝贵的非物质文化遗产，宣传抢救保护工作的重大意义，浙江省文化厅、财政厅决定编纂出版"浙江省非物质文化遗产代表作丛书"，对我省列入第一批国家级非物质文化遗产名录的四十四个项目，逐个编纂成书，一项一册，然后结为丛书，形成系列。

这套"浙江省非物质文化遗产代表作丛书"，定位于普及型的丛书。着重反映非物质文化遗产项目的历史渊源、表现形式、代表人物、典型作品、文化价值、艺术特征和民俗风情等,具有较强的知识性、可读性和权威性。丛书力求以图文并茂、通俗易懂、深入浅出的方式,展现非物质文化遗产所具有的独特魅力,体现人民群众杰出的文化创造。

我们设想,通过本丛书的编纂出版,深入挖掘浙江省非物质文化遗产代表作的丰厚底蕴,盘点浙江优秀民间文化的珍藏,梳理它们的传承脉络,再现浙江先民的生动故事。

丛书的编纂出版,既是为我省非物质文化遗产代表作树碑立传,更是对我省重要非物质文化遗产进行较为系统、深入的展示,为广大读者提供解读浙江灿烂文化的路径,增强浙江文化的知名度和辐射力。

文化的传承需要一代代后来者的文化自觉和文化认知。愿这套丛书的编纂出版,使广大读者,特别是青少年了解和掌握更多的非物质文化遗产知识,从浙江优秀的传统文化中汲取营养,感受我们民族优秀文化的独特魅力，树立传承民族优秀文化的社会责任感，投身于保护文化遗产的不朽事业。

　　"浙江省非物质文化遗产代表作丛书"的编纂出版，得到了省委、省政府领导的重视和关怀，各级地方党委、政府给予了大力支持；各项目所在地文化主管部门承担了具体编纂工作，财政部门给予了经费保障；参与编纂的文化工作者们为此倾注了大量心血，省非物质文化遗产保护专家委员会的专家贡献了多年的积累；浙江摄影出版社的领导和编辑人员精心地进行编审和核校；特别是从事普查工作的广大基层文化工作者和普查员们，为丛书的出版奠定了良好的基础。在此，作为总主编，我谨向为这套丛书的编纂出版付出辛勤劳动、给予热情支持的所有同志，表达由衷的谢意！

　　由于编纂这样内容的大型丛书，尚无现成经验可循，加之时间较紧，因而在编纂体例、风格定位、文字水准、资料收集、内容取舍、装帧设计等方面，不当和疏漏之处在所难免。诚请广大读者、各位专家不吝指正，容在以后的工作中加以完善。

我常常想，中华民族的传统文化是如此的博大精深，而生命又是如此短暂，人的一生能做的事情是有限的。当我们以谦卑和崇敬之情仰望五千年中华文化的巍峨殿堂时，我们无法抑制身为一个中国人的骄傲和作为一个文化工作者的自豪。如果能够有幸在这座恢弘的巨厦上添上一块砖一张瓦，那是我们的责任和荣耀，也是我们对先人们的告慰和对后来者的交代。保护传承好非物质文化遗产，正是这样添砖加瓦的工作，我们没有理由不为此而竭尽绵薄之力。

值此丛书出版之际，我们有充分的理由相信，有党和政府的高度重视和大力推动，有全社会的积极参与，有专家学者的聪明才智，有全体文化工作者的尽心尽力，我们伟大祖国民族民间文化的巨厦一定会更加气势磅礴，高耸云天！

2008年4月8日

（作者为浙江省文化厅厅长、浙江省非物质文化遗产保护工作领导小组组长）

目录

大禹祭典的文化地理环境

古城绍兴是一座历史悠久、人文荟萃、文物麇集的古城，也是一座经济发达、丰饶富庶、民生安乐的名城。在这样的城市里，在稽山镜水这样山清水秀、鸟语花香的美好自然环境中，人们缅怀着华夏先祖，追忆着大禹伟绩，祭祀着大禹陵寝，弘扬着大禹精神。

大禹祭典的文化地理环境

[壹]古城绍兴，孕育之地

古城绍兴是一座历史悠久、人文荟萃、文物麇集的古城，也是一座经济发达、丰饶富庶、民生安乐的名城。在这样的城市里，在稽山镜水这样山清水秀、鸟语花香的美好自然环境中，人们缅怀着华夏先祖，追忆着大禹伟绩，祭祀着大禹陵寝，弘扬着大禹精神。因此，孕育出并传承着"大禹祭典"这个非物质文化遗产，当然是绝非偶然的。

绍兴，地处浙江省东北部，杭州湾南岸，东邻宁波，南界台州，西南连金华，西北与杭州接壤。绍兴地属亚热带季风气候区，四季分明，日照充足，自然资源比较丰富。在原始部落定居时代，属于河姆渡文化圈的绍兴，是中华文明的起源区域之一；在夏王朝建立初期，今绍兴境内的会稽山，是大禹朝见诸侯、传政治国的重地；自少康封无余为于越先君到越王勾践，绍兴都是越国的都城；从秦汉到明清，绍兴一直是中国南方区域性的政治、经济、文化中心，并曾居于全国文化中心之一的地位。

生活在宁绍平原的越族先民，在距今七千年左右的原始母系氏族时代，已告别游群生活，形成为定居的农耕部落，开始由采集经济向产食经济的过渡。以人工栽稻为主的农业，是当时宁绍平原经济形态的主体。同时，原始手工业也有相当的水平。在那时，宁绍平原气候温暖，雨量充沛，自然环境优越。越族先民在这种条件下，从事以稻作为主的原始农业。他们用骨耜、石铲、石斧、石凿等生产工具，整治水土，种植水稻，产量相当可观。宁绍平原是中国稻作文明的发源地之一。

越族先民稻作的同时，仍从事捕捞、渔猎、采集等活动。先民们用陶釜、陶甑煮饭蒸食，改变了原始的采食生活。《逸周书·职方解》说越族先民"其谷宜稻"，"其畜宜鸡、狗、鸟、兽"；《史记·货殖列传》也说百越"饭稻羹鱼，或火耕而水耨"。这就是越族先民经济生活的主要特点。农耕文明为原始手工业、加工业的形成和发展创造了条件，当时，原始的制陶技术、纺织技术、酿酒技术已经相当进步。此外，古越先民聚居的宁绍平原，不仅是中华农耕文明的重要源头，尚具有海洋文明的特征。《汉书·严助传》说越人"习于水斗，便于用舟"，在河姆渡遗址发现的先民使用过的木桨、弧形独木船和陶舟模型，就是"越人便于舟"的物证。在那时，先民们不仅能凿井取水，用于煮饭蒸食，而且能适应地势低洼、水位较高的环境，营造干栏式居屋。在绍兴，这种"便于用舟"的特征，至今没有改变。

在古代，越族广泛分布在长江中下游以南地区，部落众多，故称"百越"。他们从事农耕、渔猎，以冶炼、善舟著称。在形成为民族的历史过程中，百越集团出现了多次分化和聚合，其中一部分逐渐与汉人融合，一部分与少数民族有着密切的渊源关系。如壮族、黎族、傣族等，都是由百越的支系发展而成的。于越，是百越集团中世居于江浙一带的土著。以于越部族为基础的越国，建立于夏代前期，延续于殷商、西周，振兴于春秋后期，衰败于战国中期。自少康即位封无余为于越先君始，到周显王三十五年（前334年）被楚所败，历时一千七百四十五年。

春秋时期，越国是由越部族所建立的列国之一。勾践是春秋越国的一位著名君王，他在公元前496年即位后，把国都从会稽山内部的岘大城，迁移到山麓冲积扇的平阳，作为进入平原的第一步。可惜强邻吴国，在勾践即位的第三年，入侵越国，大败越军。勾践被迫到吴国首都做人质，直到公元前490年才获得释放。返国后，勾践建立新都小城。其择地建都的战略思想，由范蠡之说"今大王欲国树都，并敌国之境，不处平易之都，据四达之地，将焉立霸王之业"可见大概。由于吴国的大军随时可能入侵，勾践选择了在种山的东南麓建城。范蠡又在种山最高处建造了瞭望台，名飞翼楼，今称望海亭，以监视吴国的军事行动。在很短的时间里，越国建成了这座周围只有一公里稍多的国都兼军事堡垒，使整个部族有了一个新的、坚强的政治中心。紧接着小城的建成，范蠡又在小城的外围建筑了城周大于小城十倍的大城，把这个地区的大部分孤丘都包围在内。在范围广阔的大城之中，除了街衢、河渠、屋宇、工场等以外，还有许多牧场和耕地。小城是越国的政治中心和军事堡垒，大城则是越国的经济中心和生产基地。小城的迅速建成，为大城的兴筑赢得了时间；而大城的兴筑，又为小城保证了给养，进一步巩固了小城的基础。从此，小城和大城就结成为一体，称为大越，这就是越国的国都。而后，越王勾践以此为基地，实行了他的"十年生聚，十年教训"的复兴计划，最终覆灭了吴国，并北上称霸，成为一个大国。

秦统一中国后，在今浙江和江苏南部建立会稽郡，郡治设在今苏州，把越国国都大越改名山阴，作为会稽郡的一县。自此至后汉中期的三百余年间，绍兴没有较大的发展。曾到过大越的司马迁，在《史记·货殖列传》中提到这里"地广人稀"。汉武帝时代，还作为关东贫民的移居地区。直到后汉永建四年（129年），才实现了大体上以钱塘江为界的所谓"吴会分治"。江北为吴郡，郡治仍在吴；江南为会稽郡，郡治在山阴。吴会分治的本身就是地区生产力发展的反映，从此，山阴从一个普通的县又一跃而成为一郡之治了。

东汉永和五年（140年），会稽郡守马臻主持了鉴湖围堤工程。以郡城为中心，筑堤长达"一百二十七里"，使会稽山麓线以北、郡城以南，形成了一个面积超过二百平方公里的人工湖泊。鉴湖工程的兴修,不仅说明当地农业生产的发展已有建造大型水库的需要,同时也说明这个地区的人口有了增长,因而才有可能动员大批劳动力投入这个工程。鉴湖工程的完成,在此后的近千年间,为这个地区的农业发展和城市的经济繁荣创造了十分有利的条件。绍兴城市的发展,从"吴会分治"以后开始加速。到了东晋,北方移民大量拥入这个地区,出现了"今之会稽,昔之关中"的兴盛时期。由于鉴湖水利工程产生效益,这里农业发达,经济繁荣,山阴已俨然一番大都会景象。兼之于山清水秀,风景如画,因此不仅一般移民迁入,不少显要的北方士族,例如王羲之、谢安、孙绰、许询、支遁等,也都来此定居。王羲之等四十二位著名文人学士,曾于东晋永和九年(353年),集会于会稽山下的兰亭,成为我国文化史上的一件空前盛事。作为名胜古迹的兰亭和作为书法艺术杰作的《兰亭序》,至今仍闻名遐迩。

由于人口的增加、生产的发展和城市的扩大,山阴县在南北朝陈时(557—589年)划分成为山阴和会稽两县。以郡城中心南北流向的一条小河为界,这条小河在一般的绍兴地方志中被称为城河、市河或府河。河西为山阴县,河东为会稽县。郡城从此出现了两个县治。

隋唐时代,绍兴为越州州治。随着手工业发展的加速,丝绸业中的"越绫"、陶瓷业中的"越窑"等,都开始名噪一时,促进了城市的进一步繁荣。唐长庆年间（821—824年），在越州任刺史的著名诗人元稹，曾一再写诗夸耀越州风景的美丽、州衙的宏伟和城市的繁华，甚至用"会稽天下本无俦"来赞美这个城市。唐朝末年，中央政权削弱，四方纷纷割据。唐昭宗乾宁四年（897年），吴越王钱镠，定杭州为吴越国西府，作吴越国的首都，定越州为吴越国东府，为吴越国的行都。钱镠本人曾几度驻节越州，擘划经营，建树甚多，进一步促进了这个城市的发展，奠定了越州在南宋初期成为临时国都的基础。

南宋初年，金兵南下，宋高宗于建炎三年（1129年）十月，从杭州渡钱塘江来到越州，驻跸州廨。因金兵尾随而来，宋高宗十二月从海上去温州，次年四月才再度返越州，以州治为行宫。越州成为南宋的临时首都，历时一年零八个月。在这段时间里，作为南宋的政治和经济中心，整个城市发生了很大的变化。各类商人和大量北方移民的拥入，促进了城市建设的发展和商业的繁荣。宋高宗于建炎四年（1130年）后改为绍兴元年（1131年），为了纪念他度过最艰难危险的日子并在越州站稳了脚跟，将越州"升州为府，冠以纪元"。从此，越州改为绍兴府，绍兴作为这个城市的名称始于此时，沿用至今。绍兴二年初，南宋朝廷迁至杭州，因绍兴是南宋王室陵寝之所在（宋六陵至今尚存），朝廷官学也设于此，所以依然是南宋重要的文化中心。当时，绍兴有"陪都"之称。据北宋大中祥符年间（1008

—1016年)编纂的《越州图经》的记载，当时绍兴城市的规模，属于会稽县的有二十坊，属于山阴县的有十二坊，总共三十二坊。到了南宋嘉泰年间（1201—1204年），府城内的厢坊建置已经骤然扩大，全城计有五厢九十六坊，正是大中祥符年间的三倍。在这五厢九十六坊之中，又设置了照水坊市、清道桥市、大云桥东市、大云桥西市、龙兴寺前市、古废市、驿地市、江桥市等八个集市，组成了城市内部的商业网。嘉定十四年到十七年间（1221—1224年），又在府城内进行了一次大规模的城市建设，除了把罗城和水陆城门作了一番修缮外，对城内的道路、河渠、桥梁等，也都作了一番新的规划和修建。绍兴城市的厢坊建置、街衢布局、河渠分布等，从此大体定局。

清末至民国，绍兴的城市建设都没有较大的变化。而在清末起的近百年时间，由于国内的反动统治和帝国主义的侵略，内忧外患，天灾人祸，以致生产停滞，民生凋敝。绍兴人民也和全国人民一样，蒙受了多年的灾难，城市建设在这段时期里陷于停顿。1937年抗日战争开始后，由于日机的轰炸，继之以占领，城市更是遭到了严重的破坏。到了新中国成立前夕，绍兴已经成为一座生产落后、市容萧条、人民生活困苦的城市。

中华人民共和国成立以后，绍兴开始了它的新生。一系列的社会改革，促进了生产的发展和城市面貌的改观。新中国成立以前，这里是个只有几家小工厂的消费城市，现在，城市工业已经有了相当的基础。而酿造、制茶、瓷器、丝绸等具有传统历史特色的工业，获得了更大的发展。具有悠久历史和崇高声誉的著名产品，例如绍兴黄酒、平水珠茶、越窑瓷器等，都在产量和品质上得到了进一步的提高，扩大了国内外市场。交通运输业也有了很大的发展。绍兴是从杭州到宁波的铁路线中途的最大城市，是宁绍平原西部的公路网中心，而水乡泽国的自然条件，又使城市的水上交通四通八达。整个城市，如今呈现出一片欣欣向荣的景象。1982年，国务院公布我国第一批历史文化名城，绍兴成为第一批二十四个历史文化名城之一。同年，浙江省人民政府也批准了绍兴城市的总体规划。根据这个规划，绍兴被建设成为一座具有水乡风光的历史文化名城和旅游城市，并且又是一座以酿造为特色的轻工业城市。

两千多年以来，这个城市确实称得上文化发达，人物荟萃。至今，市内和市郊，拥有国家、省、市级重点文物保护单位达七十八处。这些名胜古迹，现在正在不断地复原、修葺、利用和发展。国家级重点文物保护单位——大禹陵景区，历年来受到中央和地方政府的高度重视，除严格保护了遗存的地上古建筑群以外，恢复修建了神道、陵前甬道和祭禹广场，近年来又重建了大禹陵主要建筑——享殿，并与百鸟乐园、炉峰禅寺合并，形成了集自然生态旅游、历史人文旅游于一体的大型旅游度假区。两千多年以前建有越王宫殿的卧龙山，已经成为全城最大的公园。除了重新建造的越王殿和其他越宫遗迹外，还有飞翼楼遗址、越大夫文种墓、唐宋名人摩崖题字等许多古迹。登临山巅，远眺会稽山的峰峦连绵，气势雄伟，古鉴湖的平畴沃野，河湖如网。古人所说"千岩竞秀，万壑争流"和"山阴道上行，如在镜中游"的山光水色，可以一览无遗。此外，城市以内还有《吴越春秋》中所载的流传从东瀛飞来的飞来峰，即怪山，今称塔山。这是越王勾践建造我国历史上记载的最早的天文台和气象台"怪游台"的地方。越王勾践训练美人西施歌舞的土城，即西施山，在东郊城下。这些都是两千年以前的遗迹。另外像南宋爱国诗人陆游游览赋诗的沈园、明代著名画家徐渭的故居青藤书屋以及秋瑾故居、鲁迅故居等，也都修缮得焕然一新，供人们游览和凭吊。

会稽山景区的标志石

[贰]名山会稽，圣迹宛然

由于大禹在中国传统文化中的突出地位，以及传说中大禹生平的婚姻、封禅、会盟、丧葬四件大事均在会稽山所行，以至今有"南有会稽，北有泰山"和"北有黄陵，南有禹陵"之说,因此作为华夏社稷的象征和国祖陵寝的所在地,大禹祭祀活动自公元前2062年夏帝启"立宗庙于南山(会稽山古代别称)之上"起,至今一直在会稽山举行。

在空间上,广义的会稽山脉,是自然地理概念上的,绵亘于绍兴、诸暨、嵊州、上虞之间,主峰在嵊州西北,为钱塘江支流浦阳江和曹娥江的分水岭。狭义的会稽山,指的是绍兴境内的一段山脉。会稽山脉尽于绍兴,绍兴旧称会稽。《绍兴市志》中明确讲:会稽山"向北入绍兴县境,经秦望山,尽于香炉峰一带"。著名的山峰有:宛委山、香炉峰、石帆山、射的山、赤堇山、望秦山、秦望山、法华山、兰渚山、印山、葛山、宝山、吼山、箬簀山、少微山、鹿池山等。

会稽山景区主入口的仿汉石门阙

更狭义的会稽山，则是指今绍兴古城东南郊外的大禹陵、香炉峰、宛委山、石帆山及射的山，是文化意义上的会稽山核心区。

在文化上，会稽山可根据时期的不同，分离出四个文化层面，而且其历史越早，文化越古，其价值与意义也就越为重大。会稽山文化的源头是大禹文化，传说中大禹在此所行的会盟、祭祀、婚姻、丧葬、诛防风诸事，均与中国第一王朝夏朝的建立有关，四千多年以来，大禹不仅以中华民族立国之祖的身份受到历代统治者的供奉祭祀，而且尤其以一个"三过家门而不入"的治水英雄的形象而受到广大民众的敬仰和爱戴。其二是越国文化，创建越国的于越部族来自会稽山深处，越国早期都邑也曾长期播迁于会稽山中，在整个春秋战国时期，会稽山始终是越国军事上的腹地堡垒、经济上的生产基地和政治文化上的圣地。其三是宗教文化，大禹陵庙所体现的是儒教文化；宛委山、若耶溪体现的是道教文化；香炉峰则体现了佛教文化。而置于会稽山文化最上层的，是山水审美文化，起于六朝，盛在唐宋。它是中国山水诗的重要发祥地之一，为"浙东唐诗之路"上的第一大山水风光景区。

会稽山，原名茅山，也称苗山。据《史记·夏本纪》记载，公元前21世纪，大禹治水成功后，帝舜将首领之位禅让给禹。大禹巡狩东疆，返还大越，在茅山召集各部诸侯，论功行赏。因"会稽"古时与"会计"词意相通，故后人改称茅山为会稽山。禹死后，按其遗命葬于会稽山。其陵寝，称"大禹陵"。夏帝启即位后，设宗祠于会稽山禹陵，遣使岁时祭祀。少康时，封庶子无余于越，聚居会稽山麓，守祭大禹陵寝，是为绍兴会稽姒族之始。因有大禹陵寝所在，《周礼·春官·大司乐》以"四镇""五岳"并举。所谓"镇"即是为一方之镇的大山，会稽山被列为扬州之镇，称南镇。据《吕氏春秋·有始》和《淮南子·地形》记载，会稽山在春秋战国时期又被列为中国古代九大名山之首。

会稽山是越文化的发祥地，也是越国走向辉煌的根据地。公元前494年，力图霸业的越王勾践发兵伐吴，战败后退守会稽山，吴追而围之，勾践被迫屈服求和，并与妻及范蠡到吴国为奴三年。公元前490年，勾践等回国，隐身在会稽山，为了复国雪耻，把会稽山区作为发展农桑和备战蓄兵之地，苦身焦思，卧薪尝胆，发愤图强，经过"十年生聚，十年教训"，终于灭了吴国，一度成为战国时期的霸主。至今，会稽山区仍遗留与之相关的大量历

中国五大镇山之一——南镇会稽山标志

史文化遗存。

或许是出于对大禹和越王勾践这一帝一霸的敬仰，秦始皇在一统江山后，于公元前210年，以会稽山有"上霸之气"、"东南有天子气"为由，以左丞相李斯、少子胡亥随从，不远千里，"上会稽，祭大禹"，登天柱山以望南海。令李斯为文，颂秦德、罪六国、明法规、正风俗，并以小篆书写，刻石立碑。李斯奉命连夜写毕后，采岭石镌刻，立于会稽鹅鼻山顶。《会稽刻石》属于铭文，四字一句，三句一韵，庄重凝练，是铭文文体的代表作。宋时，《会稽刻石》原刻石已散佚。到清乾隆五十七年（1792年），绍兴知府李亨特用旧藏《会

《会稽刻石》

稽刻石》申屠駉原拓本重刻于原石，碑高八尺七寸，宽四尺四寸，上刻篆书十二行，每行二十四字，还有用隶书撰写的题记三行，计六十字，现碑立于大禹陵碑廊之中。

西汉时，司马迁曾"上会稽，探禹穴"。汉以后，会稽山成为儒、道、佛三教汇源的名山胜地。现存的禹庙始建于梁大同十一年（545年），其后几经倾圮和修葺，至今保存着清代早期风格的古建筑群，与禹陵、禹祠组成一个国内罕见的中国古代帝皇的纪念性陵园。隋时，封天下四大镇山，会稽山为南镇。开皇十四年（594年），建南镇殿于会稽山之阴。唐开元十四年（726年）封南镇会稽山为"永兴公"。至宋元时，则又分别加封为"永济王"和"昭德顺应王"。明初，下诏去掉前代封号，只称为"会稽山之神"。清代康熙帝曾十一次遣官致祭，并亲笔题写"秀带岩壑"匾额一方；乾隆帝也十四次遣官致祭，并亲笔题写"表甸南疆"匾额一方。其时，"四镇"国定春秋两祭，东南两镇以春祭为主，南镇春祭则定于农历三月初六，照例由省、府两级地方主要官员主祭，山阴、会稽两县令陪祭。因南镇会稽山神，是一方平安之所系，春祭大典，四乡民众，纷至沓来，拜祭之诚、香火之盛，蔚为壮观。此外，除夕之夜，宿南镇殿，所得之梦，占卜吉凶，必能应验，这是绍兴"南镇祈梦"的习俗。俗谚"一方山水养一方人"，"会稽山有金木鸟兽之般，水有鱼盐珠蚌之饶。海岳精液，善生俊异"。自古以来，会稽山乃是人才辈出、名流荟萃之地，东晋

名士王羲之、谢安因"会稽有佳山水"而定居绍兴。南朝诗人王籍咏
会稽山"蝉噪林逾静，鸟鸣山更幽"的诗句传诵千古。唐代著名诗人
李白、杜甫、元稹等人也都曾到过这里，并留下诗作。其时，会稽山已
成为浙东唐诗之路的门户。在明代，大儒王阳明（守仁）在此筑室隐
居，研修心学，创"阳明学派"。

东汉末年，会稽郡已有道教炼丹活动。会稽山道教文化遗迹
多麇集于宛委山及若耶溪一带。相传三国吴时，丹阳人葛玄隐居会
稽若耶溪，在剡县西白石山炼丹，宋嘉泰《会稽志》引《十道志》有
记载，葛玄于若耶山升仙。此后，其从孙葛洪亦曾于会稽宛委山炼
丹，有葛仙翁丹井遗存至今。唐代，越州道教兴盛，乾封元年（666
年），高宗封老子为太上玄元皇帝，诏令各州置一观一寺。会稽渚
山、金庭、沃洲，均为道教活动中心。会稽若耶溪称道教第十七福
地；会稽山洞位列第十小洞天，名极玄大元天。越中道教圣地龙瑞
宫曾是越中历史上最负盛名的道观。道家以为黄帝时尝建候神馆于
此，唐神龙元年（705年）置怀仙馆，唐开元二年（714年）改称龙瑞
宫，现仅存遗址，为道家十八洞天之一。旁有阳明洞，世称"阳明洞
天"。洞天实为一谷地，东面为谷口，其余三面环山。谷身狭长，山
径盘亘，溪涧迂曲，幽深清静，委实是"仙圣人都会之所"，为道教
三十六小洞天之一，位列第十一洞。其间有一巨石，中裂为罅，据方
志载，狭义的"阳明洞天"专指此石，在道教中称为"玄牝"，今人呼

若耶溪远眺

宛委山"阳明洞天"

作"和合石"。此石还有一名,即著名的"禹穴",附近还有"禹井",实为一处泉眼。民俗学研究表明,禹穴、禹井和石簣,都是越族先民生殖崇拜的偶像,如此组合完整的古迹留存,弥足珍贵。从"和合石"沿山径上登十数米,又有一巨石,高4米,平宽10米,石顶不规则,南侧内收如削,上有索痕三道,因为传说此石是从安息飞来,故名曰"飞来石"。后来因晋葛仙翁炼丹于此,又称"葛仙炼丹岩",简称"葛岩"。石上有唐宋名贤题刻近三十帧,字迹多已模糊,其中《龙瑞宫记》一篇详细叙述了龙瑞宫的历史沿革和界止,全文字迹尚清晰可辨,系唐代著名诗人、书法家贺知章的手迹,1963年被列为浙江省重点文物保护单位。飞来石下有"葛仙翁炼丹井",传为葛

宛委山贺知章《龙瑞宫记》摩崖刻石

玄求仙炼丹于此，原井"大如盆盂，其深尺许，清泉湛然"。阳明大佛俗名大佛岩，位于"阳明洞天"北部的半山腰，是纯属大自然的雕塑杰作。大佛坐西朝东，呈吉祥坐状，极似巨大的弥勒佛坐像，高达10米的佛头翘望东方，袒胸凸肚，两臂张开，自头顶至山下，坐像高达180米，双膝间距约70米，无论从正面还是从侧面看，比例十分协调，酷似一尊庄严肃穆的弥勒大佛，形态逼真，惟妙惟肖。所以当地人又把这座天然巨石像称之为"弥勒岩"或"天然坐佛"。若耶溪亦称五云溪，今名平水江，为会稽山北麓的最大河流。道家列为七十二福地之第十七福地，相传有七十二支流，自平水而北，会三十六溪之水，流经龙舌，汇于禹陵，然后又分为两股，一支西折经稽山桥注入

香炉峰"飞来石"

阳明大佛

鉴湖，一脉继续北向出三江闸入海，全长百里。 源头在若耶山，山下有一深潭，据说即为郦道元《水经注》所载的"樵岘麻潭"。昔日的潭址已没入1964年建成的平水江水库。富有诗情画意的若耶溪，使历代的文人雅士流连忘返。唐代独孤及的"万山苍翠色，两溪清浅流"，孟浩然的"白首垂钓翁，新装浣纱女"，李白的"若耶溪畔采莲女，笑隔荷花共人语"，丘为的"一川草长绿，四时那得辨"等诗句，都生动地描绘了若耶溪两岸的美丽风光。

香炉峰，海拔354米，峰顶岩石，状如香炉，故名。每逢云雨天气，山顶雨雾迷蒙，烟霭缭绕，如香炉的青烟，有"炉峰烟雨"之

香炉峰远眺

称，为"越中十二胜景"之一。炉峰禅寺为香炉峰主景。南朝宋时，寺内香火已盛，高僧法慧"持律甚严，隐禹穴天柱峰，诵法华经，足不履人间者三十年"。唐代与刘禹锡交厚甚笃的诗僧灵启上人，死后也葬于此山。相传宋朝有一僧人，供奉观音玉像于此，时人称为"南天竺"。明人魏耕《游天竺寺寄会稽姜迁梧》诗中，就有"昔闻天竺寺，梦想玲珑崖"之句。此后，南天竺时有兴废。蔡元培曾为该寺题写过"慈云广被"的横额。1990年由华侨出资，利用峰顶的尺寸之地，重建炉峰禅寺。禅寺包括观音宝殿、配殿、僧寮及客堂等。观音宝殿坐北朝南，三楹，重檐翘角，四面临风，殿下凌空部分辟为

香炉峰顶的炉峰禅寺

香炉峰"心经坡"

僧寮。其东为五楹配殿，气势不凡。1993年，扩建炉峰禅寺，占地1.5万平方米，有山门、九龙壁、放生池、钟鼓楼、天王殿、左右两侧配殿、大雄宝殿、藏经楼（佛堂）、客堂院等十一处建筑，主建筑大雄宝殿九开间，高10余米，庄严雄伟。进山门，沿途先后可看到巍峨的大雄宝殿、小巧的四面观音殿等殿阁，其后的一千七百级石阶，曲折盘行，直上山脊，俗称"螺蛳旋"。来到山脊"瘦牛背"、"心经坡"一带，有近现代题刻七处，清同治八年（1869年）孙庆行书"云门"、"海上飞来"二题记；清光绪二十四年（1898年）孙鼎烈行书"门对浙江潮"五字；清光绪二十九年（1903年）开元寺僧请邑人徐生翁书《般若波罗密多心经》共四十二行，刻于4米高的自然岩壁上，因徐氏不甚满意，完成前二十四行一百六十余字后，不再续书。至1963年冬，有无名氏补书续刻，人们称此地为"心经坡"。坡前有思远塔，高七层。在塔下的平台上，尽可远

香炉峰的思远塔

眺四处山峦和八方秀水。至香炉峰顶，有观音宝殿和三圣殿。殿前有观景台，环顾四周，山峦起伏，层层叠叠，在云雾中忽隐忽现。绿色的田野，如片片绿叶，漂浮在水面上，景色十分壮观。每年农历二月十九、六月十九、九月十九，俗称"炉峰香市"。上山朝拜、进香、游览者数不胜数，为一时之盛。

石帆山，通体岩石，呈东西向，山形扁而狭长。山岩石壁高数十丈，状如一叶顺风的帆，浮游于苍莽云海间，山名由此而来。另有一种说法是"石帆来海上"。说禹治水功成，天赐神女圣姑，圣姑从东海乘石船、张石帆来到这里。石帆山留有七千年前卷转虫式的海侵遗迹，说明石帆山早先濒海，我们从中可以领略到沧海桑田的巨大变化。由石帆山山道可登山顶，山顶地形天然平坦，是会稽山第二处可以登高一览越地风光的上佳之地。石帆山顶建有大禹铜像，高21米，重118吨，成于2001年，是大禹治水时亲躬劳作的形象，手持木耜，脚踏巨舟，气势雄伟，屹立在石帆山顶，望之令人肃然起敬。为了便于人们登山瞻仰，又修筑了近千级台阶的步行山道。

在会稽山中，无论是自然风光还是人文胜景，多依托于石。宋王十朋《会稽风俗赋》云："巨者南镇，是为会稽；洞曰阳明，群仙所栖。石伞如张，石帆如扬；石篑如藏，石鹳如翔。石壁匪泥，石瓮匪携；香炉自烟，天柱可梯。韫玉有笥，降仙有台；禹穴口而回探，葛岩蚩而自来。射堂丰凶之的，宛委日月之圭；应天上之玉衡，直海中之蓬莱。"

会稽石帆山顶大禹铜像

其实,会稽山中的石景之多,纵王十朋赋也不能足举。除石景外,会稽山中还有众多水景、林景及历代人文古迹,如郑公泉、郑公宅、射的潭、孤潭、傅公泉、莲花渚、竹箭林、叶天师龙见坛、玉门、精庐、寒泉、洞亭桥、斗牛桥、观山桥、灵澈塔,等等,不能一一详述。据村人告,对历史上"阳明洞天"的宗教文化之盛,世人有"千僧万道八百姑"之概。历代之苦心经营,正如《水经》所载,"疏山为基,筑林、裁宇、割涧、延流、尽泉石之好"。在这数千年的天工人力之下,会稽山一直以其秀丽的自然风光和悠久的历史文化,为人们所神往。

[叁]大禹陵庙,祀禹圣地

大禹陵庙始建于夏初,几千年来,大禹躬亲为民行劳苦的献身精神,创业立国的不朽功业,永久滋润着华夏子孙和神州大地。因此,大禹陵庙作为华夏民族的祀禹圣地。虽迭经损毁倾圮,仍每每修葺重建,作为大禹祭典的终极之地,屹立在会稽山南麓,祭仪依然,香火常继。

大禹陵为夏代陵寝,位于绍兴市区东南6公里的会稽山南麓,占地约10公顷,是中国历史上远古治水英雄和立国圣祖大禹的葬地。据《史记·夏本纪》载:"或言禹会诸侯江南,计功而崩,因葬焉。命曰会稽。"《吕氏春秋》云:"禹葬会稽,不烦人徒。"《墨子·节葬》载:"禹葬会稽,衣裘三领,桐棺三寸。"大禹葬于绍兴会稽山,可谓信史凿凿,世无异议。然而,史上虽有秦始皇"上会稽,祭大禹"和司马迁"上会稽，探禹穴"等史称盛事。但大禹墓穴在会稽山上的具体地点，在史籍中尚未见过明确记述。

就现有史料和传说来看，在明代中叶以前，大禹墓葬是以窆石所在作为标识的，无分官方民间，拜祭大禹陵都于窆石所在的会稽山东北麓禹庙正殿东侧坡的窆石亭前举行。嘉靖二年（1523年），南大吉以部郎出任绍兴知府，礼部员外郎郑善夫来绍兴与其聚首，以敬先圣王敦民风为务，同议禹陵禹祀之事。郑善夫深入会稽山麓，实地考察了大禹陵庙及其周围地域，并撰成《禹穴记》一篇。据万历三年（1575年）《会稽县志》载："郑善夫定在庙南可数十步许，知府南大吉信之。"可知当时郑善夫最后确定大禹墓地在禹庙南数十步

禹庙窆石亭

大禹陵碑亭

许，南大吉就确信不疑，即于嘉靖三年（1524年）营建大禹陵园。万历三年（1575年）《会稽县志》载："夏禹王庙正殿七间、东西两庑各七间、中门三间、棂星门三间、大门一间，宰牲房一所，窆石亭一座，嘉靖三年知府南大吉修。"紧接着，该志就载：大禹陵园有"陵献殿三间；石亭一间，碑曰大禹陵；斋宿房一所，棂星门三间，俱知府南大吉建"。大禹陵碑之"大禹陵"三字，系南大吉亲笔所书。陵碑以长方形石为底座，碑身高4米，阔1.9米，字径1.23米，未题立碑年月，亦不署南大吉名。明代嘉靖年间，自绍兴知府南大吉题刻"大禹陵"碑后至今，大禹陵碑就成为了大禹墓葬的标识。

明代绍兴知府南大吉所建的斋宿房和中门，在日寇侵绍期间，被日寇损毁无存。棂星门除底座及四大石柱，也被残损不堪。禹陵原本苍松薄天。"禹陵苍松"自古便为"越中十景"之三，清袁枚《禹陵大松歌》诗中有"窆石形奇古，堪与千秋松作伍"等语，即是由来于此的。但在日寇占领时也被砍伐殆尽，于今不复存在。自19世纪后期至20世纪中"文化大革命"的近百年间，大禹陵区颓废日深，最后除陵碑及已残损的棂星门尚存外，余皆尽失。四周围墙圮倒，甬道石条坍失，名木秀竹无存；陵园山地均被蚕食占用，或耕作种植，或建房修筑学校操场。"文化大革命"后，人民政府和文物管理部门才得以持续二十年之心力，对其恢复和修建。1978年至1997年间，陵园地面渐次收复，包括有偿收回原禹陵中学在陵园内所建校舍、操场的地面，重新征用了原陵献殿上下山地50余亩。至此，陵园所据地域，或与初建时相当。自1978年复建大禹陵碑亭起，先后新建了陵园围墙、石板甬道，修缮了棂星门。1979年冬对外开放。1999年，又对大禹陵碑亭、菲饮亭进行了维修。陵园的植被，经近三十年的培护，如今芳草萋萋、松柏参天、盘槐低回、秀竹掩映、金桂飘香，呈现出一派崭新气象。2008年，重建了大禹陵的主要建筑——享殿，正殿神龛供奉"华夏圣祖大禹之神位"神主。

大禹陵园，数千年来，迭经营造修建，现今尚存的建筑如下：

棂星门：位于禹陵甬道西端入口处，三间四柱，冲天式做法，有上、下枋穿插连接，除中间设木门供出入外均为石制构件。石柱呈八

大禹陵甬道西端棂星门

角状，柱顶有浮雕柱帽，中间枋下浮雕二龙抢珠，两次间枋上浮雕云鹤。曾遭日寇损毁，后经修葺，依然挺立在禹池东侧，今为大禹陵主入口。

大禹陵碑、亭：亭于1997年按原状重建，方形，单檐歇山顶，斗拱、额枋均施有彩绘。大禹陵碑系绍兴知府南大吉于明嘉靖十九年（1540年）所书原碑，本地东湖石质，高4.10米，宽1.90米，碑有"大禹陵"楷体丹书三字，每字约1.23米见方，笔画浑厚，甚见端庄。1959年3月下旬，台风过境，亭毁于烈风之下，大禹陵碑也被吹倒仆地，碑体尚完整无损。1961年，施工扶竖碑石，起重时吊索断绝，碑折为两截。后在碑背侧用混凝土衔接，并在两侧腰部嵌入钢轨条予以加

大禹陵咸若亭

固。1997年，仿原貌复建碑亭时，用树脂粘合碑石断面，并在碑石背面又敷陈钢筋水泥。如此，陵碑正面得以风貌依旧。

咸若亭：俗称鼓乐亭，石亭，台基呈六边形，边长3.3米，六角攒尖顶。有题额二，西曰"咸若古亭"，东曰"好生遗化"。亭在大禹陵碑北侧，据传，始建于南宋隆兴二年（1164年），应为告成观末期遗物。

享殿：也称飨殿、陵献殿、陵恩殿等，即祭殿，是中国古代帝后陵寝的主要建筑之一。大禹陵享殿始建于明代嘉靖年间，何时圮毁不详。据光绪二十六年《重修大禹庙碑》载："享殿久成荒芜，不辨基地。"可知当时享殿已倾圮，至今不存。遗址内长期竹木不生，青草不长，而其周边则竹木繁荣依旧，世人称之为奇事。1998年，绍兴市文物管理处在禹王山享殿遗址的发掘，证实了明代大禹陵享殿的

大禹陵享殿正殿

存在及大致规模。2007年4月,绍兴市文物局对禹王山享殿遗址再次进行探测和发掘,确定了禹陵享殿建筑的复建方案。2008年4月,享殿重建工程竣工,于2008年公祭大禹陵典礼时正式投入使用。大禹祭典的谒陵仪式移至享殿举行。重建的享殿,面阔、进深皆五间。梁架均作抬梁式,为钢筋混凝土仿木结构。用柱三十根,檐柱呈方,金柱为圆。前老檐柱间装槅扇门,殿顶重檐歇山造。正殿内设三开间神龛,神龛内正中供奉"华夏圣祖大禹之神位"的神主,前置祭器四十余件,神龛前有祭桌,上置香炉和供品。殿两侧有壁画,长7.40米,高3.35米,南侧为《大禹治水》图,北侧系《大禹立国》图,正殿前有南北两配殿,皆面阔三间、进深两间,通面阔18.8米,进深12.70米。内部陈列禹陵清代告祭碑十二方,2008年《重建享殿碑记》一方。

享殿"大禹立国"壁画

享殿"大禹治水"壁画

禹祠：在禹陵碑左前甬道南侧，有平屋两进各三间，坐东朝西，进出门朝北开。1986年，新建于原大禹寺遗址之部分地面。原大禹寺在大禹陵庙南墙外大禹陵左前缓坡上。1985年，仅存一破废旧殿和小屋几间、放生池一方、古井一口，还有一片石板地基。1986年，利用旧材，就地建两进各三间平房一所，以"禹祠"名之，祠内二进正中立大禹像，墙面陈列《姒姓世谱》。

碑廊：大禹陵碑前甬道北侧。1987年，新建于原禹陵中学教室地

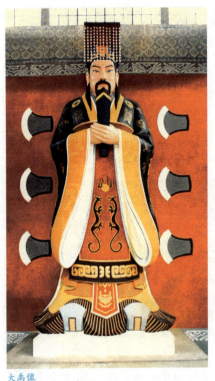

大禹像

基处。廊屋内陈列曾置于原府学（后改建稽山中学）的秦《会稽刻石》、原在大禹寺的唐代《往生碑》、明代《重修水利记碑》和《山阴县新闸记碑》、清光绪三年《重修大禹陵碑记》等。

　　会稽禹庙，又称禹王庙，位于绍兴城东南六公里处的会稽山麓。坐北朝南，依山而筑，东南有石帆山、宛委山、天柱峰等会稽山诸峰环抱。东南接大禹陵园，西临禹池，西北紧靠禹陵村，占地约8600平方米。按《吴越春秋》记载：禹子启即天子之位后，"使使以岁时春秋而祭禹于越，立宗庙于南山之上。禹以下六世而得帝少康，少康恐禹祭之绝祀，乃封其庶子于越，号曰无余……租贡才给宗庙祭祀之费。……春秋祠禹墓于会稽。"《越绝书》记载："少康立祠于禹陵。"由此可知，禹庙始建于夏启时期，用于岁时春秋祭祀。自夏启至今，漫漫四千余年，历代历次大禹祭典的最后仪式谒陵均在大禹陵前举行。

禹庙是伴侍着大禹陵寝年代最古远的历史人文遗存。大禹死后葬于会稽山麓。其子启即天子位，建立夏朝，在越地之"南山"创立宗祠，此为禹庙的初始。至夏中叶，帝少康封庶子无余居越守护大禹陵寝。其事可见载于《史记·越王勾践世家》和《吴越春秋》。越国灭亡后，禹祀曾一度废止。秦时，始皇三十七年（前210年），秦始皇"上会稽，祭大禹"。秦二世元年（前209年），胡亥至会稽，按其父始皇礼仪，祭祀大禹。汉代，因平秦有功，无余四十九世孙姒摇被汉高祖刘邦复封为越王，以奉禹祀。汉顺帝永建元年（126年），禹庙窆石有题刻，据清康熙初浙江督学张希良考证，属"展祭之文"。南朝宋虽存世仅六十年，据史载，有两次敕修禹庙、一次皇帝遣使致祭的记载，足见宋时对大禹陵庙崇敬有加。梁时修庙，有神异佳话传世。按宋嘉泰《会稽志·禹庙》记载："梁时修庙，唯欠一梁，俄风雨大至，湖中得一木，取以为梁，即梅梁也，夜或大雷雨，梁辄失去，比复归，水草披其上，人以为神，縻以铁绳，然犹时一失之。"又有《会稽续志·梅梁》云："会稽禹祠之梁，取自鄞县大梅山汉梅子真旧隐处。张僧繇图龙于其上，夜和风雨，飞入镜湖，与龙斗。后人见梁上水淋漓而萍草满焉，始骇异之，乃以铁索锁于柱。""梅梁久已神化，诗人好奇，多见题咏。"此外，郦道元《水经注》云："禹庙在会稽山下，去禹井七里；南朝宋山阴人孔灵符《会稽记》云，今禹庙在（会稽山）下。"隋

禹庙全景

禹庙大殿

大业二年（606年），有禹庙碑，至宋时收编于赵明诚《金石录》时，字已磨灭过半，故称"隋禹庙残碑"。自唐至吴越国间，诗风日盛，越州的百数位本官中，列名《全唐诗》中咏及禹庙的就有薛苹、孟简、薛戎、元稹、李绅、王龟，等等，文人墨客所题则更多。北宋前期，对禹庙修葺、祭祀和看护有加。宋徽宗政和四年（1114年）二月："敕改禹庙为道士观，赐额曰告成。"（宋嘉泰《会稽志》）南宋绍兴元年（1131年）高宗赵构驻跸绍兴，"命祀禹于越州，及祠勾践，以范蠡配"。绍兴三年（1133年）重修禹庙，庙宇渐复旧观。宋时，据嘉泰《会稽志》载："三月五日俗传禹生之日，禹庙游人甚盛。无贫富贵贱，倾城俱出。士民俱乘画舫，丹垩鲜明，酒樽餐具甚盛。宾主列坐，前设歌舞。小民犹相矜尚，虽非富饶，亦终岁储蓄以为下湖之行。"可见绍兴民间习俗"嬉禹庙"在宋时已相当盛行。明太祖洪武三年（1370年），浙江行省进大禹陵图。是年，大修禹庙。明万历十五年编修的《绍兴府志》，辑有《禹陵图》一幅，标明了当时大禹陵庙的布局和周边山水地形。清代自顺治至光绪间，大禹陵庙多次进行修缮，康熙、乾隆甚至亲临大禹陵庙致祭。乾隆十六年（1751年）三月初八，皇帝亲祭禹陵后，谕礼部议定，以姒恒甸授八品官奉祀生，仍准世袭，奉祀会稽大禹陵庙。民国二十一年（1932年），浙江省省长张载阳集役修庙，重建大殿，以绍兴箔捐充资，用银近十万两，第二年落成。新中国成立之后，1956年强台风过境，吹毁禹庙部分建筑，同年九月重修。1961年,大禹陵庙列入全省首批二十四个重点文物保护单位。1966年,"文化大革命"开始,禹庙大殿内禹像被毁。1970年,禹庙被农药厂占用,部分建筑、古树被毁,添建厂房1000多平方米,后在省长周建人的关怀协调下,促成该厂搬迁。1976年修复围墙及午门前甬道。1979年重塑禹像。1981年12月大禹陵庙实施凭门票参观,1985年宰牲房复原。1995年4月20日恢复"公祭大禹陵典礼",活动在禹庙大殿举行。2003年修建祭禹广场,完成了九鼎台、钟亭、鼓亭、水上祭坛、祭舞台,"公祭大禹陵典礼"活动自此移至祭禹广场进行。

现存的禹庙古建筑群基本保留了明代的建筑规模和明清的建筑风格,建筑群轴线清晰,高低起伏,错落有致。禹庙坐南朝北,其中轴线上主要建筑自南至北依次为:照壁、岣嵝碑亭、东西辕门(对

祭禹广场水上祭台

称)、午门、拜厅、大殿。大殿左右各有碑亭一座,前有月台和两配殿,月台左前处尚建有乾隆御碑亭,大殿东侧坡上有窆石亭,下有清碑亭,再下是明碑亭。午门有东西配殿,东配殿外有宰牲房,再东则是菲饮泉摩崖题刻。总体建筑面积约3000平方米。其单体建筑情况大致如下:

照壁:位于禹庙南围墙中部,高4.37米,长14.34米,正中为"夔兽顾日"圆形雕塑,四角分别有"凤凰牡丹"、"白鹤荷花"、"秋鸟黄菊"、"喜鹊梅竹"图案,象征四季。

东西辕门:禹庙进出口,相对而立。面阔、进深各一间,通面阔4.21米,进深2.94米,平面呈横长方形,四柱,双扇实榀板门,前檐有垂莲柱各一,梁枋及斗拱均施彩绘,悬山造,筒板合瓦。

禹庙照壁

岣嵝碑亭：位于照壁后，覆石构方亭，四柱，柱间有石栅栏，北向额枋刻有"岣嵝碑亭"四个篆字，亭顶单檐歇山造。内置岣嵝碑，高3.85米，无座。岣嵝碑文系明代嘉靖二十年十二月绍兴知府张明道将湖南岳麓书院本翻刻入石。

午门及东西配殿：午门，面阔三间，进深两间，通面阔11.60米，进深7.05米。午门梁架为清乾隆时所作，梁架均施彩绘。前后檐均施飞檐，殿内中柱之间辟三门，单檐歇山顶，铺筒板瓦。正脊中部石灰堆塑"飞龙抱珠"、"鲤鱼跃浪"、"火焰珠"。背面有八卦中的坎卦图案，象征水。两侧各饰相向飞凤。脊两端有"龙尾插剑"正吻。垂兽为狮，戗兽作虎。戗脊上列龙、凤、海马等。东西配殿各面阔三间，进深四间，通面阔11.15米，进深8米。五架梁，前设卷棚廊。前老檐柱间装木栅。单檐硬山造，阴阳合瓦。

拜厅及东西配殿：拜厅面阔、进深均作三间，通面阔12米，进深9.7米，用柱十六根，檐柱之间有阑额，上施斗拱。单檐歇山造，正脊堆塑"和合二仙"，两边饰以龙凤，前后戗脊端部分立象、狮，前后岔脊端分立虎、豹，角兽为麒麟，用筒板瓦，筒瓦勾头上有"瓦将军"，四檐有滴水。拜厅筑于5.5米高的高台上，高台前有三列踏道，俗称"百步禁阶"。东西配殿面阔三间，进深四间，通面阔7.15米，明间梁架为抬梁式，此间山面梁架为穿斗式。前老檐柱间装木栅。单檐硬山造，阴阳合瓦。东配殿保存着自明至清的告祭碑，因而称之为"碑房"。

禹庙岣嵝碑亭

禹庙午门

禹庙大殿、左右碑亭及东西配殿：大殿建在禹庙最后一层高台上，高24米，面阔、进深皆五间。通面阔23.96米，进深21.55米。梁架均作抬梁式，为钢筋混凝土仿木结构。用柱三十根，檐柱呈方，金柱为圆。前老檐柱间装槅扇门，殿顶重檐歇山造，正脊有"地平天成"

禹庙拜厅东配殿明清告祭碑

禹庙拜厅

四字，楷书，系清康熙帝所书。殿内明间后槽屏墙前置有大禹立像。

两侧金柱有"江淮河汉思明德，精一危微见道心"行书联一副。殿前

有月台。大殿东侧有"重建绍兴大禹陵碑亭"，系民国二十二年（1933

禹庙正殿大禹像

禹庙正殿屋脊康熙帝手迹

年）立。西侧为"会稽大禹庙碑"，民国二十三年（1934年）立。殿前两侧有东西配殿，皆面阔五间，进深四间，通面阔17.8米，进深7.25米。前老檐柱间装木栅。单檐硬山造，阴阳合瓦。

乾隆御碑亭：在禹庙大殿月台前东侧，系石构方亭，长3.94米，宽4.12米，梁架作四架卷棚式。翼角起翘，斗拱、梁、枋等皆施彩画，亭顶单檐歇山造，乾隆御碑置于亭中，南向，高3.94米。碑文是清乾隆帝于乾隆十六年（1751年）祭祀大禹陵后亲笔所书的祭禹诗句。

窆石亭及"禹穴"、"石纽"两碑：窆石亭系近年新建，八角攒尖顶，亭径6.80米，亭内正中立有窆石一块，呈长形锤状。窆石高2.06米，底围2.06米，中围2.21米，上端有一孔，孔径9厘米。石上多有题刻，最早的是汉顺帝永建元年（126年）的"展祭之文"，文字已模糊，能辨认的仅得十之四五。窆石亭边有"禹穴"、"石纽"两碑，对称呈八字状坐落。

宰牲房及菲饮泉：在禹庙午门东侧，系禹庙置备祭品之所，前后两进，第二进天井，东有连廊、西为厢房。前厅三开间，通面阔11.3米，进深5.83米。后厅三间二弄，通面阔14.39米，进深9.50米。菲饮泉紧邻宰牲房，有摩崖题刻"菲饮泉"隶书三字，无年款。按嘉泰《会稽志》："自唐以来为名刹，西偏有泉名'菲饮'，有亭覆之。绍兴中王编修钰题名大字刻泉上。"今仍清晰可辨。

大禹陵与禹庙、禹祠比邻布局，气势恢弘，是全国唯一的集陵

禹庙御碑亭

禹庙宰牲房

禹庙菲饮泉亭

庙于一地的纪念性墓地。1961年，浙江省政府列禹陵为第一批重点文物保护单位。1996年冬，它被命名为全国中小学"百家爱国主义教育基地"之一；同年11月20日，国务院公布大禹陵为全国重点文物保护单位。1997年6月，中共中央宣传部公布大禹陵为全国爱国主义教育示范基地。

禹庙菲饮泉

禹陵俯视

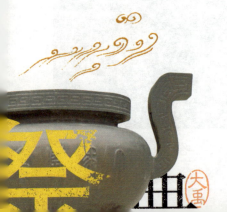

华夏圣祖大禹的生平、事迹及传说

禹，姒姓，初为夏后氏部落首领，因尧美其绩，封夏伯，故称伯禹。后舜举禹为司空，主管平治水土。治水功成后改任司徒，未久受舜帝禅，登天子位。史称夏禹、戎禹、夏禹王等，尊称大禹。大禹一生的丰功伟绩，当以『治水』和『立国』最为卓著。

华夏圣祖大禹的生平、事迹及传说

[壹]大禹的生平及事迹

　　禹，姒姓，初为夏后氏部落首领，因尧美其绩，封夏伯，故称伯禹。后舜举禹为司空，主管平治水土。治水功成后改任司徒，未久受舜帝禅，登天子位。史称夏禹、戎禹、夏禹王等，尊称大禹。据《史记卷二·夏本纪第二》载："禹之父曰鲧，鲧之父曰帝颛顼，颛顼之父曰昌意，昌意之父曰黄帝"，可知大禹系黄帝的玄孙。其生卒年，据孙建忠著《大禹陵志》考证推算，公元前2127年生于西川石纽村（今四川省北川县羌族乡），卒于公元前2062年，葬于会稽山（在浙江省绍兴市南部），享年六十六岁。大禹一生的丰功伟绩，当以"治水"和"立国"最为卓著。

　　大禹治水，可谓是子承父业。帝尧时，海侵大陆，中原洪水为灾，百姓愁苦不堪。鲧受命治理水患，用了九年时间，洪水未平。舜巡视天下，发现鲧用堵截的办法治水，未见成效，于是将鲧流放到羽山（今江苏省赣榆县羽山），后处死其地。接着，因鲧之子禹的才华和德能，命禹继任治水之事。禹接受任务以后，既为父亲治水失败被殛而伤心，更为民众苦于水患而不安，决心努力根治洪水之害。禹以益和后稷为辅，在每个诸侯国征集三万民工，组成治水大军，辗转九州，苦战洪水十三年。其间，他总结其父鲧治水只围堵不疏导而失利的经验教训，带了测量工具，亲自翻山越岭，蹚河过川，从西向东，勘察山川地势、江河走向，竖立路标，规划水道。按因水之力，通水之理，"畅八极之广，旋天地之数"的规律，以四海为壑，因势利导，疏通洪水。十三年来，大禹劳身焦思，兢兢业业，穿破烂的衣衫，吃粗劣的食物，住简陋的席篷，奔波在治水前线；闻乐不听，冠挂不顾，履遗不蹋，甚至三次经过家门，也未能进去看望妻子，因而留下了千古传咏的"三过家门而不入"的佳话；他躬亲为民，身先士卒，形劳天下，亲持耒锸，率领治水民工逢山开山，遇洼筑堤，以疏通水道，引洪水入东海。他们开通了九大山川，疏浚了九大江河，修筑了九大湖堤，使天下的河川都流向大海，终于治水成功，根治了水患。据《尚书·大禹谟》载，帝舜赞大禹治水之功为"地平天成，万世永赖"，并赐玄圭，告功天下。

大禹是华夏民族的立国之祖。舜时，大禹初任司空，主要承担治理理水土之事，禹率民众治理水患，奔波十三载，足迹遍及九州大地，最后地平天成，成就伟业。舜举荐禹为司徒，居于安邑（今夏县），广施德政。其后，帝舜召集禹、皋陶、稷、伯益论政，欲禅位于禹。禹举皋陶，舜仍然要禹来继任，说禹治水十三年，功不可没，又能贤明地对待众人，帝位非禹莫属。禹仍不从，请以卜筮占。舜说不必卜筮，乃传禹治天下之道：要禹不要听无稽之言；没有经过商议的事，不要随便行事；君要爱民，民才爱君；要谨慎地替天行道，勿生恶念，生恶念，必害于政，民必穷困，国君的天禄也将永远终止；社稷安危存亡之戒，要牢记在心。于是，禹摄政，仍居住在安邑。三苗在江淮一带屡屡作乱，禹挥师南下湖北，陈兵于有苗之国。苗人愚顽强悍，禹师攻击三十日不克，军师伯益建议退兵修德，以仁政感化苗民。禹听从了伯益的进言，偃师收兵，邀请三苗的国君会盟。宾主共舞干戚，双方达成和解。禹班师回京的七十天后，有苗来朝。禹遵照舜的做法，对三苗每三年考绩一次，奖有功，惩恶业，历时九年，公正有德，赏罚分明，三苗心服口服，三苗之乱得以平息。帝舜去世，禹让位给舜的儿子商均于阳城。万民不附，追到阳城，高呼"禹弃我，日子难过"。禹哀于民衷，乃登帝位。禹建都阳城，登泰山封禅，举皋陶为摄政，不久皋陶死，葬安徽寿县安封（霍丘）。禹封皋陶子孙于六安。帝禹三年，又举伯益为摄政，封百里。八年，会诸侯于会稽山，计功考绩，执玉帛者万国，禹皆按规定接受朝贡。防风之君后至，禹斩以示众。防风是当时江南霸主，是古老的封豨氏、阳夷、风夷与有苗、蚩尤的集合族。禹杀一儆百，旨在威慑苗蛮夷越诸族。此后天下悉归禹属。大禹分九州，铸九鼎，善政厚生，纳言听谏，尚贤使能，聚集人才，加强统一的制度建设；赐诸侯土地和姓氏，定"五服"，确定贡赋的标准，调权衡，平斗斛，统一度量衡，鼓励农耕,建立纳税制度,以加强王权的经济实力;设六卿,形成王权的军事力量。令皋陶立刑法,"令民皆则禹,不如言,刑从之"。至此,大禹君临天下的形势已经造就,王权的地位和王者的权威日趋稳固,统一国家的局面也开始形成。大禹还吸取尧子丹朱,舜子商均无能之教训,请伯益教其子启管理国政。帝禹崩葬于会稽后。伯益在"箕山之阳"让位于启,启与其支党谋夺益位,为益察觉,将启拘捕入狱并施巫术,后启被支党救出,禹子启夺伯益位自立,建立了国号"夏"的王权国家。自此,中国"始可谓有国史矣"。

[贰]大禹与绍兴

大禹与绍兴有着十分紧密的关系,因为在他的一生中有许多重要活动均在绍兴发生和演绎。从史书记载来看,大禹在绍兴发生的主要大事如下:

宛委禹穴得金简,治水毕功在了溪:相传大禹治水,历时七年未成,禹劳心焦思,探求治水之理,考《黄帝中经历》,得知宛委山有"金简玉书",于是,大禹登宛委山,于石匮中觅得简书,得通水之理。再六年,毕功了溪,返回宛委山,依然将书藏于原处。藏书处亦称"禹穴",今在绍兴宛委山"阳明洞天"处。了溪,后称剡溪,亦称禹溪,为今曹娥江的上游。溪南有了山,产"禹余粮"。据嘉泰《会稽志》云:"了山在(嵊)县东北一十二里,南有余粮岭,其地产禹余粮。"相传大禹治水疏通九河,大功告成于会稽(今绍兴)了溪,将余粮弃于溪边，这些余粮秉天地之灵气，受日月之精华，变成了化石，其石磊磊如拳，碎之，内有赤糁，人们称之为"禹余粮"，或称"余粮石"。宋王十朋《余粮山》诗云："禹迹始壶口，禹功终了溪，余粮散幽谷，归去锡元圭。"禹余粮又称魂石、响石、空青、药石、空石，当地俗称"石馒头"，是浙江嵊州独有的地方石种，是难得一见的石种珍品。明李时珍《本草纲目·矿物药石部·一》记载："空言质，青言色，杨梅言是也，诸石药中，惟此最贵。"又云："禹余粮，乃石中黄粉，生于池泽。久服耐寒暑不饥，轻身飞行千里，延年不老。""禹余粮，性寒，味甘，可治眼疾、骨节酸痛、四脚不仁、痔瘘等疾病。益脾、安脏气、定六腑、镇五脏。"

涂山娶得女娇归，三过家门亦不回：相传，大禹忙于治理洪水，年过三十，尚未婚娶。一日，他前往拜访涂山氏酋长，途经涂山，见白色九尾狐作歌：见了白色九尾狐，可以做国王；取了涂山女，家道能兴旺；遵循自然规律，事业会成功……涂山氏酋长有女，名女娇。大禹对其一见钟情，女娇也钦慕万人称颂的治水英雄，于是，他们在部落祭祀高媒神的地方举行婚礼。婚后四天，大禹心系治水大事，别妻而去。此后，治理洪水的风风雨雨中，深恐耽误了治水大事，三次经过家门，都没进去，甚至连儿子启出生，也未能探望。因此，为后世留下了大禹治水"三过家门而不入"的千古佳话。

大会诸侯在会稽，斩杀防风立国威：据《竹书纪年》载："八年春，会诸侯于会稽，杀防风氏。"可知，大禹在位八年时，在会稽山召集各路诸侯及朝臣，祭祀天地神明，并考核各诸侯的政绩，予以封赏或惩罚。有地处今浙江省西北部的汪芒部酋长防风氏，因苕溪山洪，未能及时赶到。大禹为严明政令，下令将其斩杀示众。由于防风氏身材高大，行刑者无从下手，便筑土台，让刽子手立于其上，挖土塘，让防风氏立于其中，才将防风氏斩首示众。行刑之地因此得名"刑塘"，今绍兴型塘（刑塘）犹在。为纪念茅山记功封赏之会，大禹改茅山为会稽山。从此，茅山便以会稽山之名享誉天下，并在春秋战国时列为中华九大名山之首。

苇椁桐棺葬会稽，不变人徒勿扰民：大会诸侯之后，约禹在位十年时，帝禹东巡，至会稽而崩。遵禹生前之嘱，以芦苇作椁，桐木制棺，墓穴不要挖得太深，不要触及泉水，墓地所及的土地，不可以影响民众的耕种劳作。于是大禹以简朴的形式埋葬在绍兴会稽山南麓。华夏立国始祖的陵寝自此迢遥世代，盛享后人的缅怀、纪念和拜谒。

大禹祭典的缘起及历代沿革

秦时，大禹与黄帝、尧、舜同列祀典。自汉以下，则累代在京师立庙，位在先代创业之王、有道明君享祀之列。而在民间，全国各地禹庙星布，祭祀大禹已成为当地的礼仪习俗。

大禹祭典的缘起及历代沿革

[壹]大禹祭典的缘起

元代邓文原《帝禹庙碑》曰："若浙江所理,圣王之祀,宜莫先会稽焉。"于此可知,中国历史上历代王朝对祭祀会稽大禹陵都极为重视。秦时,大禹与黄帝、尧、舜同列祀典。自汉以下,则累代在京师立庙,位在先代创业之王、有道明君享祀之列。而在民间,全国各地禹庙星布,祭祀大禹已成为当地的礼仪习俗。作为大禹陵寝所在的会稽山,更是自夏王启"立祠南山"起,"岁时春秋而祭禹"已有定例。在其四千多年的历史上,改朝换代,革故鼎新。而在大禹陵庙举行的祭典依然作为王朝祀典中的一项重要内容,承传有序,绵亘至今。

大禹祭典,起于夏帝启。由《吴越春秋》所载"启即天子位,使使以岁时春秋而祭禹于越"可知,启祭祀大禹规格有以下几个特征:一是遣使臣致祭;二是春、秋各一祭;三是墓祭;四是以王礼行祭。启虽然是大禹之子,但他是以帝王的身份遣使祭禹,因此堪称王礼国祭,而不是一般的宗亲家祭。启祭大禹,首创了祭禹祀典的先例,是国家祭祀的雏形。此外,夏后氏庙祭以颛顼为祖,禹为宗,可知，尚有京师庙祭。

[贰]大禹祭典的历代沿革

秦代，始皇帝三十七年（前210年），据《史记·秦始皇本纪》载，"上会稽，祭大禹"。秦始皇是中国历史上亲临会稽大禹陵墓致祭的第一位皇帝，此举，开列了大禹祭典的最高礼仪，是大禹祭典史上的一个重要事件。翌年，秦二世胡亥即位后（前209年），为章父皇功德，也亲至会稽大禹陵礼祀大禹。

汉代，据《汉书·郊祀志》载，"圣汉兴，礼仪稍定，已有官社……以夏禹配食官社"，可知，在汉初，京师有官社祀禹。又根据《史记·越王勾践世家》和绍兴《姒氏世谱》的记载：大禹的第五十四世孙姒摇，因平秦有功，被汉高祖复封为越王，在会稽大禹陵祭祀大禹。

南朝时期，宋文帝和梁武帝先后派遣使臣来越禹陵致祭。宋文帝元嘉（424—453年）初，派遣左曹掾谢灵运从弟谢惠连至会稽祭禹。宋文帝《祭禹庙文》亦由谢惠连撰。祭文据大禹东巡狩，会诸侯江南，计功而崩，葬于会稽这一史实，故而有"临朝总政，巡国观风。淹留稽岭，乃徂乃官"等句，此文为大禹祭典中传世最早的一篇祀禹祭文。

隋至唐初，朝廷祀禹于安邑，安邑在今山西运城，据传曾是夏禹王都城，并有京师庙祭。唐贞元元年（785年），德宗皇帝李适派遣

使臣陆贽祭祀大禹陵庙，并有祭文存世。此外，尚有朝廷官员及越州行政长官前往大禹陵庙致祭，自景龙三年（707年），越州长史宋之问祭大禹陵庙起。随后，皇甫温、孟简、元稹、薛苹、李绅及户部侍郎李翱、尚书右丞徐浩等均先后祭祠大禹陵庙，并有祭告诗文存世。唐代皇帝遣祭、越州长官致祭，堪称宋明祭典之雏形。

宋代，太祖建隆元年（960年）诏："前代帝王陵寝……或樵采不禁、风雨不芘，宜以郡国置户以守，隳毁者修葺之。"可知，当时朝廷对先代帝王陵墓十分重视，诏令地方予以修缮保护。至太祖乾德（963—968年）初，诏："先代帝王，每三年一享，以仲春之月，牲用太牢，祀官以本州长官，有故则上佐行事。官造祭器，送诸陵庙。"又诏："先代帝王，载在祀典……唐尧、虞舜、夏禹……各置守陵五户，岁春秋祠以太牢。"乾德四年（966年）九月"丙午，诏吴越国立禹庙于会稽，长吏春秋奉祀"。南宋高宗绍兴元年（1131年），"命祠禹于越州，及祠越王句践，以范蠡配。"以上载于《宋史·礼志》的记述，表明了在宋代，大禹以先代帝王配享中祀。祀以太牢，春秋奉祀，有官造祭器。此时，大禹祭典已形成了完整的祭祀制度。

元代，至大元年（1308年），绍兴路长官两次主事修葺禹庙。致和元年（1328年）钦定禹庙"依尧祠故事，每岁春秋仲月上旬卜日，有司蠲洁致祭，官给祭物"。时任浙江儒学提举邓文原《帝禹庙碑》文中有"诞降玺书，凡在祀典者，命有司肃修时祭"句。由此可见，元代时对会稽大禹陵庙的修营致祭，朝廷早有祀典。

明代，大禹祭典更为详备，礼仪也更趋隆盛。据《明史·礼志》载，先代五帝、三王及汉、唐、宋创业之君，有京师庙祭、陵寝祭。洪武六年（1373年），明太祖以先代创业之君，宜立庙致祭，遂在京师建造了历代帝王庙，仿照太庙同堂异室之制，分正殿为五室，中室列伏羲、燧人、神农"三皇"，东室列黄帝、颛顼、帝喾、尧、舜"五帝"，西室列夏禹王、商汤王、周文王"三王"。洪武七年（1374年），庙内所列帝王都为穿着衮冕的坐像，唯有伏羲、神农，因当时未有衣裳之制，不加冕服。八月，明太祖亲自到新建的帝王庙祭祀。洪武二十一年（1388年），每年郊祭时，同时在太祀殿祭历代帝王，并仍在每年八月中旬择日，遣官致祭于本庙，春祭停之。又定，每三年遣官致祭各陵，这一年停止庙祭。永乐十九年（1421年），迁都北京，帝王庙祭由南京太常寺官行礼。嘉靖九年（1530年），建先代帝王庙于北京都城西，或皇帝亲祭，或遣大臣行礼，致祭如前；同时，停止了南京庙祭和历代帝王南郊从祀。嘉靖十一年后，凡祭陵寝之岁，则停止秋祭。祭祀规格均以中祭。洪武三年（1370年），遣使访先代帝王陵寝，考其功德昭著者共三十六位，各制衮冕，函香帛，遣臣往修祀礼，亲制祭夏禹王祝文遣之，又以白金二十五两祭物。洪武四年（1371年），礼部定议，祀帝王……在浙江者二：会稽祀夏禹、宋孝

宗，岁祭用仲春、仲秋朔。遣使诣各陵致祭，并在陵左置以一碑，刊刻祭期及牲帛之数，俾所在有司守之。命有司岁时修葺，设陵户二人守视。朝廷每三年（凡子、午、卯、酉之岁）出祝文、香帛，传制遣太常寺乐舞生斋往禹陵，命有司致祭。凡遇即位登极，遣官告祭。每年有司以春秋二仲月上旬，择日致祭，祀用太牢。

明代，皇帝传制遣官至先代帝王各陵寝致祭是祀典礼仪的重要内容，在派遣时有独特而隆重的仪式。《明史·礼志》载："洪武二十六年定传制特遣仪，传制官由御前出宣制。……祭历代帝王，则曰：'某年某日，祭先圣历代帝王，命卿行礼。'俯伏，兴，四拜，礼毕出。其降香遣官仪：前祀一日清晨，皇帝皮弁服，升奉天殿。捧香者以香授官。献官捧香由升降中道出，至午门外，置龙亭内。仪仗鼓吹，导引至祭所。后定祭之日，降香如常仪，中严以待。献官祭毕复命，解严还宫。"

据《清史稿·礼志》载，清代祀典，初循明旧，稍稍褒益，亦有因时而制宜者。凡祭分大祀、中祀、群祀三等。历代帝王为中祀。中祀，或皇帝亲祭，或遣官祭。顺治初，在京师阜成门内建历代帝王庙，殿祀历代帝王凡二十一，夏禹居虞舜后列第九，届日，祀以太牢。顺治八年（1651年）定帝王陵寝祀典，凡二十八地，陵寝四十处，浙江祀会稽大禹陵寝。各陵寝就地飨殿行之。按例，至据会稽夏禹陵寝致祭的，有皇帝遣使祭、有司岁时春秋二仲月祭。凡巡幸所莅，皆祭陵庙。凡登极授受上典，上尊号、徽号，万寿节，皇太后万寿节，册立皇太子，凯旋奏功，皆致祭陵庙。祭文、香帛由遣官自京斋送。凡时巡祭帝王陵寝，仪同祭庙，率二跪六拜。但康熙、乾隆二帝巡会稽，祭禹陵，均破例行三跪九拜最高之礼。嘉庆元年（1796年），罢遣官祭，敕省副都统或总兵官祭夏禹陵。

民国二十四年（1935年）初，大禹陵庙修建甫竣，时任省主席黄绍竑以我民族先圣之墓如黄陵、周陵已经中央明定祀典，而大禹圣泽厚生，清末以还，祭祀久废，未可复弛也。于是，浙江省政府决定特祭大禹，爰命绍兴区行政督查兼绍兴县县长贺扬灵筹拟仪典，措备祀事，务臻崇妥。随之，绍兴组建王子余等十七人参加的祀禹典礼筹备处，拟飨祀之仪暨品物之目，采揽古制，参合典章，几经商确，冀允折衷，部署停当。是年10月16日（夏历九月十九日），黄绍竑率省党政部分要员莅绍，特祭大禹陵庙。同年11月5日，省政府指令绍兴督查兼绍兴县县长贺扬灵曰："自下年度起，绍兴县政府每年例祭大禹，经费列县政府预算。"令又曰："此次省政府特祭费用，准由省款开支。"民国二十五年（1936年）春上，绍兴县政府一改明、清两朝岁时春、秋二仲月祭旧例，厘定一年一祭，祭期按公元计时，定为每年的9月19日。为此，特呈文省政府，并得以允准。是年，绍兴县政府按新定祭日，于9月19日举行例祭之举。1938年9月19日，由绍兴县政府按例举行祭礼。

[叁]新中国成立后的大禹祭典

新中国成立后至1994年间,大禹陵虽无祭祀盛典,但人民政府对陵庙一直悉心保护,屡加修营。1995年4月20日,由浙江省人民政府和绍兴市人民政府联合举行1995浙江省暨绍兴市各界公祭大禹陵。这一公祭盛典,承续了中华民族四千年尊禹祀禹传统,翻开了新中国、新时代祭禹的新祀典,反映了华夏子孙缅怀大禹的心愿,光大了大禹精神。自此,大禹祭典,有了介于古代官祭和民祭之间的由官方主办、有民众参与的"公祭"形式。

这次公祭活动,萌发于中共浙江省委副书记、省政协主席刘枫的"设想",并得到了中央领导的"首肯"。1994年冬,绍兴市委接受公众意见,作出了公祭大禹陵的决定。并邀请市人大、市政协、文化、社科、教育等单位领导和社会各方人士对此进行探讨、研究,就"祭禹"达成了共识。1994年11月14日,绍兴市委常委会决定:把祭祀大禹作为绍兴市1995年的一项重要活动。祭禹时间初定为4月20日左右。中共浙江省委专题会议决定,同意举行1995浙江省暨绍兴市各界公祭大禹陵活动。成立"1995浙江省暨绍兴市各界公祭大禹陵筹备委员会",由刘枫任主任,省委常委、宣传部长梁平波,副省长徐志纯,中共绍兴市委书记鲁志强三同志任副主任。会议还决定:公祭活动的经费以绍兴市为主筹集,除省里给予适当的补助外,可以向社会募捐一部分。自省委、省政府于1994年12月23日同意举行公祭活动后，至次年4月20日盛典礼成前夕，仅以一百余天的时间，完成了全部筹备工作。

1995年公祭典礼，以传统礼仪和现代理念相结合，显得既古典庄严，又富有改革开放的时代特点；既有省、市党政的全面领导，又深得民间广泛热情的支持。其一，祭用"禘礼"（即大祀）。1995年公祭，从大禹的丰功伟业、大禹是华夏立国之祖以及大禹精神传承的社会效应诸因素出发，改中祀为大祀。其二，参祭人员涵容之广之众，为旷古所未有。古代祭禹只少数大官政要或皇帝和随从大臣在封闭的氛围中进行。如乾隆皇帝亲祭大禹陵时，只扈从之内大臣。侍卫、文官五品以上、武官三品以上、绍兴府知府以上、武官副将以上可以进庙殿陪祀参祭，余下文武各官并地方官员只能在庙外行宫前两旁列跪迎送，百姓则更不在话下了。而1995浙江公祭大禹陵，与祭者有全国政协领导、国务院部分部委领导、省市各级领导、社会各界代表及台、港澳人士，海外侨领，更有外国驻华使领馆人员和新闻媒体记者等。如此多方面、多层次、多地区、多国家、多民族汇聚的祭禹队伍是空前的，它真正体现了一个"公"字和"开放"的时代特点。其三，礼仪和仪仗活动融通古今，反映国家团结统一的愿望。如铳九响、击鼓三十三响、撞钟十二响等，都寓有历史和现实的含义，又以三鞠躬代替三拜九叩之礼。其四，禹庙公祭后即列队至陵前行礼谒陵。祭典大礼原拟在陵前举行，但这里芳草萋萋、绿树成荫, 不便亦不宜布设大型活动; 又, 这里没有大殿广宇, 若遇大雨, 难以应付。据此, 先在庙殿像前公祭, 继而列队谒陵行礼。省、市政府, 市内民间群团和绍兴旅港同乡会、禹裔台北夏氏宗亲会、河南禹氏宗亲会、台北绍兴同乡联谊会以及禹陵村姒氏裔孙等, 各个在陵前敬献花篮, 充分显示了公祭的公众性、民间性。其五, 作为公祭典礼的前导和延伸, 在公祭前的18日、19日两天, 举行了大禹研究学术讨论会, 公祭日当晚举行了 "大禹颂" 文艺晚会。此外, 还邀请外地人士到大禹故地观光游。参加研讨会的, 有来自海峡两岸的五十余位专家学者, 共提交了五十一篇学术论文, 有的还提交专著。与会人员的论著和发言, 充分肯定了大禹一生的丰功伟绩和历史地位, 论述了大禹与绍兴的关系和弘扬大禹精神的重大意义。以歌颂大禹业绩和大禹精神为主题的文艺晚会, 分 "颂先贤"、"赞后杰"、"看今朝" 三部分, 采用歌舞和绍兴戏曲相结合的形式演出, 效果极佳。其六, 公祭合民心、顺民意, 赢得了方方面面的支持。为了适应公祭活动, 陵庙前要新建场地、拓宽通道, 因而得拆迁住户四十七家。其时正值隆冬, 又当1999年元旦、春季之际。但这四十七家为了公祭大事, 在1月10日至2月6日间全部拆迁完毕, 比预定日期提前三十五天。为了解决公祭资金, 市内外各方企业和省内外各界人士纷纷热情捐款或贡献礼器。捐赠的单位团体一百二十多家 (其中, 绍兴旅港同乡会十三万元, 台北夏氏宗亲会两万元), 个人捐赠者年长的已届八十六岁。

1995年公祭大禹，为新时代展祭大禹开了一个好头。1995年4月20日公祭大禹陵后不久，即在是年5月15日，时任中共中央总书记、国家主席江泽民莅绍瞻谒视察大禹陵时，高度评价了大禹、大禹精神并肯定了公祭大禹陵活动，回京后为大禹陵新建牌坊题写了"大禹陵"坊额。当年任省、市公祭大禹陵筹委会绍兴工作委员会主任、中共绍兴市委副书记沈才土，在公祭活动结束后，接受香港《大公报》记者采访时说："我们赞成祭祀大禹活动长期坚持下去，形式和规模可以有所不同，平时以有组织的民祭形式为主，逢五由绍兴市政府出面公祭，逢十则省市两级政府联合公祭。"1995年公祭以来，绍兴的祭禹活动，正如沈才土所说的那样，年年有祭，承续不绝。

2007年3月1日，国家文化部首次批准将祭禹典礼由文化部和浙江省政府共同主办，绍兴市人民政府承办。这意味着，大禹祭典从2007年起将成为新中国成立后为数不多的又一个"国祭"。典礼于2007年4月20日（谷雨）上午九时五十分在绍兴大禹陵广场举行。祭典以"祭祀华夏之祖、弘扬大禹精神、建设和谐社会"为主题，通过公祭大禹陵活动，进一步弘扬以爱国主义为核心的民族精神和以改革创新为核心的时代精神，增强大禹祭典的影响力，增强民族的自豪感和感召力。中央电视台第四套节目从九时二十分开始全程直播典礼盛况，央视国际网站（CCTV.com）也在网上同步视频直播。

大禹祭典的制度与形式

奉祀大禹，华夏同心。几千年来，到会稽山瞻祭大禹陵寝的帝王重臣，领袖政要，农工士商，海外裔孙，从五湖四海，无分遐迩，云集寝前庙堂。大禹陵庙祭绵亘，奉祭者多元，祭祀大典有官祭、公祭和民祭三种形式。

大禹祭典的制度和形式

　　奉祀大禹，华夏同心。几千年来，到会稽山瞻祭大禹陵寝的帝王重臣，领袖政要，农工士商，海外裔孙，从五湖四海，无分遐迩，云集寝前庙堂。他们之间虽千差万别，或为殊途之人，又有民族之别、信仰之异，但在大禹陵庙都自认华夏大家庭的一员。他们向大禹或捧祝文香帛，供奉太牢，行三跪九叩大礼；或献上精心培育的三牲、稻粱果蔬，拱手礼拜；或吟诗颂赋，瞻仰作揖……虽然祭品不同，但个个都是虔诚的一片心香。这就是大禹和大禹陵庙的神奇与魅力。大禹陵庙祭绵亘，奉祭者多元，祭祀大典有官祭、公祭和民祭三种形式。

[壹]官祭

　　官祭分皇帝祭、地方官祭等。

（一）皇帝祭

　　皇帝祭禹，有亲祭、遣使祭两种形式。皇帝亲祭，为祭禹最隆重的礼仪，秦代、清代各有两位皇帝亲诣会稽祭禹。

　　1. 皇帝亲祭

　　秦代：秦始皇"上会稽，祭大禹"。《史记·秦始皇本纪》云：

"三十七年（前210年）十月癸丑，始皇出游，左丞相李斯从……上会稽，祭大禹，望于南海，二立石刻颂秦德。"秦始皇在会稽祭大禹后，病死于归途中。秦始皇亲祭先代帝王陵寝，祭会稽禹陵是其生平唯一的一次，足见禹在秦皇嬴政的心目中地位之崇高。

据《史记·封禅书》云："二世元年春，东巡碣石，并海，南历泰山，至会稽，皆礼祠之，而刻勒始皇所立石书旁，以章始皇之功德。"秦二世胡亥即位后（前209年），为章父皇功德，亲至会稽礼祀大禹。

清代：康熙二十八年（1689年）二月十三日，"圣祖往祭禹陵，自杭州府乘舟启行，驻跸绍兴府会稽山之麓"。二月十四日"黎明，上诣禹陵，至外门前，步行入，率扈从王、内大臣、侍卫、部院大小官员行三跪九叩礼，读祝文致祭。祭毕，上登窆石亭，留览良久。是日，即回銮，驻跸萧山县西兴镇"。并制颂刊石，并书额曰："地平天成。"又亲笔为禹庙题匾、联各一，撰《谒大禹陵》及《禹陵颂并序》诗、颂各一。

乾隆十五年（1750年）十月，令礼部恭查会典，议奏祭禹事宜，确定"式遵皇祖（即圣祖）旧典，躬荐馨于宇下"。乾隆十六年（1751年）春，高宗第一次南巡。三月初，至杭州；旋奉皇太后渡钱塘江；初七，驻跸绍府西常媳门外麓湖庄；初八，亲祭大禹陵。是日，高宗御龙袍补服，扈从之内大臣、侍卫、文官五品以上、武官三品以上，该地方知府以上、武官副将以上陪祀,行三跪九叩大礼,读祝文(见《祭文选》)、奠酒。其余文武各官并地方官员俱蟒袍补服,在行宫前两旁列跪迎送。并亲笔为禹庙题匾、联各一,撰诗二首。

2. 皇帝遣使祭

皇帝遣使祭分两类。一类称特遣官告祭,简称告祭。明、清两代,皇帝即位(登极)特遣专官告祭,清代又规定国有大事亦特遣专官告祭。告祭的主祭人为特遣专官。又一类称遣使致祭,简称致祭。致祭有两种情况,一是按祭典规定每三年传制遣臣斋香帛祭,称传制祭或致祭;二是不按祭典规定年头或本来就没有规定的祭祀年头的行祭,亦可谓随即祭。传制祭、随即祭(遇国有大事),一般是皇帝派专任使臣送香帛、祝文到绍兴府(越州),明代由绍兴知府(知府)担任主祭;清代或由杭州(或乍浦)副都统(正二品,相当中将级武官)担任主祭。

夏代,禹子启即天子位,治国于夏,"使使以岁时春秋而祭禹于越"。这是皇帝遣祭大禹的开端。《吴越春秋》云:"禹五世孙帝少康,少康恐禹祀之绝祀,乃封其庶子于越,号曰无余……无余……春秋祀禹墓于会稽。"由此可知,在夏代至少从夏王启至无余在会稽祀禹墓前的一百几十年中,遣使祭禹是传承相继的。

汉代,汉高祖恢复大禹五十四世孙姒摇为越王,以奉禹祀。

南朝宋,宋文帝(刘义隆)元嘉初(424—453年)初,遣左曹掾军、谢灵运族弟谢惠连祭禹。谢惠连撰祭文。

南朝梁，梁武帝（萧衍）天监间（502—519年），遣使祭禹。著作郎王僧儒撰祭文。

唐代，唐玄宗开元五年（717年），命紫微侍郎同紫微黄门平章事苏颋致祭于夏禹祠，当州刺史为亚献、终献；唐开元十二年（724年），敕有司精意致祭于夏禹祠。唐德宗贞元元年（785年）遣使祭禹，贞元八年（792年）宰相陆贽撰祭文。唐代祀典规定，先代帝王陵寝三年一祭，以仲春之月，牲用太牢，祀官以当界州长官。

宋代，宋太祖建隆、乾德间（960—968年），"诏吴越国立禹庙于会稽"，"敕吴越国祀禹祠"，"每三年一享，以仲春之月，牲用太牢，祀官以本州长官，有故上佐行事"。高宗绍兴元年，"命祠（春祭曰祠）禹于越州"。上述由皇帝诏令当界长官祭，也是遣使祭的方式之一。

元代泰定（1324—1338年）后，按"每岁春秋仲月上旬卜祭"定例，"诞降玺书，凡在祀典者，命有司肃修时祭……若浙江所理，圣王之礼，宜莫先会稽焉"（邓文原《帝禹庙碑》）。

明代，皇帝登极特遣专官告祭的有：洪武四年（1371年），明太祖朱元璋补行登极告祭礼。宣德、正统、景泰、天顺、成化、弘治、正德、嘉靖、隆庆、万历等皇帝均有登极告祭礼。自天顺至嘉靖间，皇帝遣使传制致祭达十四次。

清代，顺治八年（1651年），定历代帝王陵寝祀典，浙江祀会稽夏禹陵；同年夏四月，遣官祭帝王陵寝（见《清史稿·世祖纪》），会稽大禹陵庙当在其列。史书有载的皇帝遣使传制致祭，自康熙自光绪间，有四十二次。

（二）地方官祭

唐以前，地方官祭大禹陵庙的状况未详。唐代有"三年一祭，祀官以当界州长官，有故，上佐行事"之制，在有关文字中可以获知，越州长官按此恭祭大禹陵庙的不少个例。自宋至清，历朝规定：岁时春秋祀禹以太牢，祀官以本州（府）长官，但未见史传。迨及民国时期，因战祸频仍，更兼日寇侵华，绍兴曾被日军占领五年，以故停祭多于行祭。

唐代，州刺史等长官祭禹仅以存世文字为据的有宋之问、徐浩、严维、皇甫温、薛苹、孟简、元稹、李绅、钱倧等。宋之问，唐景龙二年（708年）任宰相，三年（709年）为浙东观察使兼越州长史，他到任未久即上大禹陵庙恭祭。有《祭禹庙文》曰："之问移班会府，出佐计乡，遂得载践遗尘，远探名穴（指禹陵），朝玉帛于斯地。"徐浩，剡县人，屡拜河阳令、尚书右臣、国子祭酒、吏部侍郎等，德宗建中二年（781年）封会稽郡公，他曾"荣殊衣锦"归故乡祭禹，其《谒禹庙》诗云："负责故乡近，竭来申俎羞。"严维，山阴人，肃宗至德二年（757年）进士，曾授诸暨尉、河南尉、河南节度使幕僚等职，撰有《陪皇甫大人谒禹庙》诗一首。其诗有"竹使羞股荐，松龛拜夏祠"句。诗题中的"皇甫大人"即是皇甫温，于代宗大历九年（774年）八月任越州刺史。从严维的诗题可知，他是陪同刺史皇甫温"拜夏祠"的。薛苹，宪宗元和二年（807年）任越州刺史，他到任时越地干旱严重，因而祭禹为了"祈雨"，其时成诗一首，诗题为《禹庙神座，顷服金紫。苹自到镇，申牒礼司，重加衮冕。今因祈雨，偶成八韵》。薛苹的这首被称为"祈雨唱和诗"，被刻在《唐复禹衮冕并修庙记碑》之碑阴。据此碑记录，当时在场的有薛苹及和者崔述等十七人共十八首诗。于此可知，其时祭禹祈雨场面之盛。元稹，穆宗长庆三年（823年）任越州刺史，其《拜禹庙》，实为恭祭情景的生动记录。李绅，文宗太和七年（833年）任越州刺史。因"太和八年（834年）二月，冬暄无雪"，他登"禹庙祈祷"雨雪，是日即"阴云四合，飞霰大降者三日，积雪盈尺"。于此，他撰《祭禹庙回降雪五言二十韵》诗一首。

　　1911年，封建的清王朝被推翻，是年冬，王金发出任绍兴军政分府都督，为民国时期绍兴地区第一任军政长官。1912年2月20日（正月初三日），王金发率僚佐及各营兵祭告大禹陵。王金发是反清革命团体光复会的会员，是光复杭州、推翻清王朝在浙江统治的一位战将。他到任伊始，在正月初三日就去祭禹，这是推翻封建帝制后，对大禹的第一次祭奠。他让僚佐、官兵、女士一起参祭，行祭时奏军乐、三鞠躬、唱军歌，祭礼后又有男女登台演说。这一祭禹格局，颇具时代特点，也体现了当时革命党人的平权思想和革命风貌。

民国二十四年（1935年）十月十六日（夏历九月十九日），浙江省政府特祭大禹陵。为记述是次特祭盛典，于次年春专刊《祀禹录》一册存世。特祭在是日上午九时开始。参加是次官祭的除主祭、分祭和陪祭外，还有姒姓后裔共六十余人。主祭黄绍竑领祭、读祭文。祭礼新旧参合，以古制为主，改跪拜为三鞠躬。典礼至十时半结束。

民国二十五年（1936年）二月，绍兴县厘定一年一祭，年祭日期为每年九月十九日（以公元计时），此案呈请浙江省政府鉴核允准。民国二十五年九月十九日，绍兴县在大禹庙例祀大禹。绍兴区行政督察兼绍兴县长贺扬灵主祭、读祀禹祝文，与祭官员共四百余人。九时举行礼典，十时半礼成。民国二十六年（1937年）举行例祭。

[贰]公祭

公祭始于1995年恢复大禹祭典后，是由官方主持筹办，民众参与的新形式。

1995年浙江省暨绍兴市联合公祭大禹陵典礼：1995年4月20日上午，浙江省人民政府和绍兴市人民政府联合举办1995年浙江省暨绍兴市各界公祭大禹陵典礼。这是新中国成立以来对大禹陵的第一祭，也是20世纪30年代后期停祭以后的第一祭，更是大禹祭典有"公祭"这一形式的起始。

1995年祭禹典礼

1995年祭典中的外国友人

1995年浙江公祭大禹陵典礼的参祭人员有：全国政协及有国务院相关部委的领导和代表、浙江省和绍兴市党政领导、台港澳代表、驻华使者、国际友人、台湾夏氏宗亲会和河南禹氏宗亲会代表、姒氏后裔代表及新闻媒体人员等等。主祭人为浙江省省长万学远，陪祭有浙江省政协主席刘枫、省老领导铁瑛等，司仪为绍兴市市长纪根立。

典礼在禹庙大殿大禹像前举行。仪典既采揽古制，亦参合新式。祭以禘礼，行礼三鞠躬。礼典有仪仗队着特制古服，持古旗或古幡的男青年一百八十名；祭舞队有穿古装，持锹锸，执绿枝的男女青年六十四名；锣鼓队四十五名；乐手二十七名。

1995年4月20日上午九时五十分（象征九五之尊），公祭典礼开始。典礼（主祭、陪祭等殿、盥手就位后）的仪程依次为：鸣铳（九响，寓意大禹治水奠定九州的不朽功业）；击鼓（三十三响，全国省、直辖市、自治区及港、澳两特别行政区，合为三十三，寓意九州攸同）；撞钟（十二响，代表华夏十二亿子孙的心声）；奏乐；敬酒（公祭筹委会副主任鲁志强行敬酒礼：一敬酒、亚敬酒、三敬酒）；向大禹像行三鞠躬礼；主祭万学远恭读祭文；献舞，铳再九响，鼓乐齐鸣；谒陵（仪仗乐队前导，参祭人分队至大禹陵碑前献花篮，行三鞠躬礼）；礼成（时在十一时三十分）。

1995年公祭，消息传播全世界，反响热烈，回音极佳。美国《侨报》、《世界日报》,香港《大公报》,台湾省《自立晚报》、《联合报》在公祭日前就开始报道,而大陆各级各类报刊媒体报道更多。

2000年绍兴市人民政府公祭大禹陵典礼:是年4月20日上午九时五十分,由绍兴市人民政府公祭大禹陵。全国政协及国务院有关部委的领导和代表、浙江省和绍兴市党政领导、台港澳代表、台湾夏氏宗亲会代表、韩国禹氏花树会代表、姒氏后裔代表、解放军抗洪先进单位代表、绍兴市内各方代表、各界人士八百余名及新闻媒体人员等参加祭典。

典礼仪式与1995年公祭同,唯擂鼓由三十三响改为三十四响,因其时重庆已为直辖市,三十四响表示包括重庆的全国三十四个省、直辖市、自治区及港、澳特别行政区。

公祭前夕,举行"大禹风"文艺晚会,同时举办"2000年公祭大禹陵典礼纪念首日封"的发行仪式、绍兴文化旅游投资恳谈会、新世纪水利发展研讨会等活动。

2005年公祭大禹陵典礼:2005年4月20日,绍兴市各界公祭大禹陵典礼在绍兴会稽山景区大禹陵祭禹广场举行,各界代表共一千二百余人参加。担任主祭人的有中央、省、市的各级领导白立忱、茅临生、王永昌、张金等。

典礼由鸣铳、击鼓、撞钟、奏乐、献酒、恭读祭文、献舞等仪式构成。礼成后,全体参祭人员前往大禹陵碑亭前举行谒陵仪式。主

2005年公祭大禹陵典礼

2005年公祭大禹陵典礼祭舞

祭人及党政机关代表团、兄弟城市代表团、旅游界代表团、水利界代表团、港澳及海外代表团、海峡两岸越文化代表团、工商界代表团、农民代表团、青年代表团、妇女代表团、社区代表团、大禹后裔代表团共十三个方队的代表向大禹陵敬献花篮。当晚，在绍兴大剧院举行"大禹之光"文艺晚会。

2006年公祭大禹陵典礼：4月2日上午，2006年公祭大禹陵典礼在大禹陵景区祭禹广场举行。韩启德、周国富等中央、国务院有关部委和省领导，绍兴市委、市人大常委会、市政府、市政协领导，海内外来宾共三千余人参加祭祀仪式。韩启德、周国富、王永昌登上祭坛敬酒，市长张金如登祭坛恭读祭文，市委常委、常务副市长钱建民任司仪。祭典结束后，还举行了"天下第一村"——禹陵村的开村仪式。

2007年公祭大禹陵典礼：4月20日上午，由国家文化部、浙江省

2007年公祭大禹陵盛典礼

2007年公祭大禹陵典礼盛况

人民政府主办，绍兴市人民政府承办的2007年公祭大禹陵典礼在大禹陵景区祭禹广场举行。这是新中国成立以后的首次国家级公祭大禹陵活动，也是公祭大禹陵成为国家级非物质文化遗产之后的第一次祭祀活动，中央电视台国际频道、新华网、浙江在线和e播浙江等媒体都对该祭典进行现场直播。"中国绍兴"政府门户网站进行视频转播。

全国政协副主席罗豪才，文化部副部长陈晓光，全国政协常委邵华泽，全国政协文史委副主任、原浙江省政协主席刘枫，浙江省人大常委会副主任徐志纯，浙江省人民政府副省长盛昌黎、茅临生等。国家、省、市及外省市有关领导和港澳台来宾等近百人担任主参人，还有十三个方队的参祭人队伍，现场总人数四千人左右。

礼成后，全体参祭人员前往大禹陵碑亭前举行谒陵仪式，主要

2008年公祭大禹陵谒陵仪式

包括肃立雅静、敬献花篮、向大禹陵行礼、绕行大禹陵一周等议程。

2008年公祭大禹陵典礼:4月20日,2008年公祭大禹陵典礼在大禹陵广场隆重举行。海内外来宾和绍兴市各界代表两千多人参加祭禹典礼。

上午九时五十分,祭典司仪、绍兴市委常委、常务副市长钱建民宣布祭典开始。各位主祭人在礼生的引导下,登上大禹陵广场中央的站台肃立。此时,鸣铳九响,寓意禹平洪水、定九州。礼生们向先祖献上三牲、五谷,海内外华人代表先后敬香,表达后人对先祖的尊崇。随后,鼓手擂鼓三十四响,表达全国三十四个省、直辖市、自治区、特别行政区对先贤的缅怀;撞钟十三响,表达十三亿炎黄子孙对先祖的绵绵追思。鼓乐声中,郑万通、王在希、黄坤明、张金如等登上祭台,向先祖献上祭酒。张金如恭读祭文。祭文热情歌颂了大禹

谒陵三鞠躬

奏乐

就位

击鼓

撞钟

斟酒

献祭品

献花

献酒

祭品

祭舞

"平治洪水、宁济生民"的历史功绩，颂扬了古越大地"创新发展、伟业在望"的盛世景象，表达了"同怀禹德、共荐馨香"的美好祝愿。恭读完毕，全体参祭人面向大禹陵三鞠躬致敬。随后，少年们唱起了古朴厚重的颂歌，跳起了粗犷豪放的祭舞，以此赞美大禹泽被万世的丰功伟绩和臣服万民的道德操守。

外国人参祭

大禹后裔代表入场

祭典礼成后，全体参祭人员来到大禹陵享殿前，敬献花篮，鞠躬谒陵，表达敬意。

[叁]民祭

主祭人

民祭有族祭、民间团体祭等。

（一）族祭、民间团体祭

1. 姒氏宗族祭禹

大禹陵庙前庙下村（又称禹陵村）姒氏，是大禹裔孙世居之地。几千年来，他们守望陵庙，恭祭先祖，代代相传，及于当今。因此，其居地被名曰"守陵村"。

　　《史记·五帝本纪》云，帝禹"姓姒氏"。《吴越春秋》载，禹葬会稽（亦称越）后，"启即天子位，治国于夏……使使以岁时春秋而祭禹于越"。启为禹之子，又是夏初的帝王，祭禹于他是一身而二任，即首开姒姓宗亲祭之端，亦发帝王遣使祭之先。至禹五世孙帝少康，"少康恐禹祭绝祀，乃封其庶子无余于越，春秋祀禹墓于会稽"。姒氏裔孙传至商周间，因"无权位，同为编氓"，宗亲祭绝二十余世。时及东周，姒氏传至四十世，即在勾践高祖无壬时，渐次自主，"专心守国"，奉守禹之祀。勾践临终前谓太子兴夷曰："吾自禹之后，承元常之得，蒙天灵之佑，神祇之福。"于此可知，勾践对始祖大禹是隆礼祭奠的。姒氏传五十世，至越王无疆时，越被楚灭，无疆被杀（时在公元前333年或公元前306年）。据《姒氏世谱》载，无疆死后，宗族祭仍竭尽维持。无疆子玉在"越以此散"的严峻情势下，"仅保会稽，守奉陵祀"。传至五十四世摇，时及西汉，高祖刘邦"复以摇为越王，以奉禹祀"。摇子贞复承袭奉祀。传至七十二世恭，时及西晋，怀帝镇东时，亲往聘请，但恭"性秉廉介，不攀权要，谨守陵祠"。传至一百二十二世孙权，字公衡，号慎庵，贡生，生于元至顺元年（1330年），卒于明洪武二十九年（1396年）。其时，兵戈扰剧，盗贼剽掠特甚，族人远窜莫聚，惟权一家避居会稽宛委山僻，恭承先志，陪护陵祠，恪供禹祀。姒氏一百二十二世后，子姓渐趋发达，宗族祭礼益加隆盛。

关于姒氏家族在会稽的居地。自少康封无余于会稽奉祀禹墓以降，迄今历一百三十余世。其间，姒氏子姓虽屡有分支外迁，但子子孙孙，继继承承，始终有传人留居会稽山麓、大禹陵之侧，守祀祖灵，其定居之处或稍有变更，但不出上述范围。在宋以后，大禹陵庙西北侧二百米处的庙下村（亦称禹陵村，今又有称守陵村），素为姒氏聚居中心。于此，王十朋（1112—1171年）《征禹穴记》也是一证。王在记中曰：余守越"莅治之始，恭谒陵庙，尚有裔嗣趋接，询求陵庙所凭，登对甚悉。但族属衰微，甚可慨焉"。王氏恭谒陵庙时，有姒氏裔嗣趋接，且对陵庙所凭（陵庙的历史渊源）登对甚悉。这说明当年的庙下村姒氏裔嗣对陵庙的历史详熟，守祀之心极诚。

守陵村街亭

　　庙下村姒氏，随着子孙繁衍，在族规和祭礼上渐成独特习俗。于此，大禹第一百四十三世裔孙姒元翼、姒承家著《大禹世家》有具体陈述，以下节录其"族长制"部分：

　　　族长，在旧中国的多数宗族都有。而庙下村姒姓除族长外，还有一位涉及祀务的头面人物——奉祀生。奉祀生是专司禹陵、禹庙管理和祭祀的专职人员。据《姒氏世谱》记载，到明朝万历年间，奉祀生已有了"衣顶"，由官府任命。至清乾隆时，奉祀生被封为世袭八品官，但其并未取代族长，而是二者并存，各司其职。奉祀官限于陵庙管理、应对相关事宜。族长，绍兴俗称"家长太公"，是族中当时最高

守陵村戏台

辈中的最年长者，即被公认为族长。族长的作用首先是带领族人公议族中大事。如《姒氏世谱》中记有：1748年，族中出了"为匪辱祖"的子孙，由当时的最高辈中的最年长者姒世本主持族人公议，逐出宗祠，"不许复入与祭"。其次是主持全族性祭祀。再者是调解族内纠纷。但他只能秉公说理，无权作审判性处理。禹陵姒姓的外迁分支中，也各有族长。族长制一直延续到解放初。族长之下，尚有房长。房长是族长下属的一房之长，族长的助手。

以下节录其"族祭大典"部分：

禹陵村（或称庙下村）姒姓人都尊大禹为始祖，禹庙也是姒姓全族（包括所有分支）的祖庙，无论是留居禹陵或是迁居他地，每年都举族到禹庙祭禹，虽困苦岁月，禹祀不绝。禹陵村姒姓每年族祭大禹两次。第一次在农历元旦。当日清晨，全族集中于禹庙大殿，但女儿不参祭。祭礼由族长主祭，族长入殿时鸣铳。祭品供五牲（猪、羊、鸡、鹅、鱼）福礼。祭祀极为隆重，但不同于寺院拜佛。仪式开始，族祭男左女右分站两旁，鸣铳，燃放鞭炮，然后族长带头按辈分顺次逐个以大礼（规定为四跪四叩首，双手抱拳而不合十）向大禹塑像礼拜。祭毕，族人互相拜年，称为"团拜"，团拜后随即散去。凡参祭者，均可得竹筹一支，事后向操办者换取铜钱百枚（以后改为银币一角），称为"百岁钱"。首次参祭的新媳妇，作为族中的新增人口，受到特别优待，可得大筹一支，换取双倍"百岁钱"。祭禹、团拜是族人的大聚会;"百岁钱"起鼓励参与的作用,同时也是有免晏折钱之意。第二次族祭,是在作为大禹生日的农历六月初六,祭仪的操办由姒族四大房每年轮值。清代学者俞曲园《春在堂笔记》越中记游云:绍兴"禹陵村姒姓每岁元旦及六月初六日禹生日率子孙祭奠",并赋诗曰:"大禹陵存禹井荒,尚有子姓奉蒸尝。年年六月初六日,都向陵前奠酒浆。"陵庙有二十亩祭田。收益作祭费,祭仪、祭品的规格,均有严格规定。与禹陵相距近二十里的官后村、虹桥村姒姓族人,每年春秋都到陵庙之间,虹桥村姒姓只限男子参祭。近几年有媒体报道,称姒姓祭禹"通宵颂经文"等,纯属讹传。

2. 台湾夏氏宗亲会祭祀活动

大禹裔孙繁衍四千有余,分居四海,支脉姓氏颇多。居台湾禹裔支姓有姒、禹、夏、水、侣等,其中夏姓一千余人,有夏氏宗亲会。台湾夏氏宗亲会会长夏功权,曾是美国第十四航空队(飞虎队)的一名出色的飞行员,参加过大陆的抗日战争。1989年,台湾夏氏宗亲会为纪念大禹诞辰四千三百零一年,特委夏承炳为代表专程来绍兴大禹陵进香。他于是年9月13日到了大禹陵,代表台湾夏氏宗亲向大禹陵庙进香行礼,并向大禹陵文保所赠送纪念大禹诞辰四千三百零一年的纪念花瓶、纪念金牌及《夏氏宗谱》等。1991年,夏氏宗亲会又派代表专程来绍祭祀大禹陵。1995年浙江举行公祭大禹陵典礼,台湾夏氏宗亲会组团参祭。自1995年公祭后，绍兴历次的祭禹典礼，台湾夏氏宗亲会屡屡组团参祭。

3. 四川羌族远赴绍兴禹陵的祭祖活动

2005年4月，由四川省茂县民间组织的羌族远赴绍兴大禹陵寻根祭祖团一行二十余人，来绍兴大禹陵举行祭祖活动。他们在三个"释比"（羌族人的宗教领袖，从事宗教活动但不脱离农业生产，在羌人中地位极高，羌语称为"许"）的带领下，在大禹庙拜厅、大殿和窆石亭跳起了羌族最原始的舞蹈——羌族羊皮鼓舞。"释比"头戴金丝猴皮帽，手持神杖和盘铃，念动经文，一手持单面羊皮鼓把手，一手挥动鼓槌，在敲击中起舞，形成了一种虔诚、神秘的气氛。

羌族祭祖

在鼓声、舞蹈中举行极具民族特色的祭祀仪式，礼成后，前往大禹陵碑亭前完成了谒陵仪式。

羌族羊皮鼓舞被列入国家第二批非物质文化遗产，主要在祭神、驱鬼、求福、还愿以及送死者灵魂归天等祭祀活动中由"释比"表演，具有浓厚的宗教色彩。

4. 民国间中国水利工程学会祭禹

民国二十三年（1934年），"时当苏浙大旱、黄河大水"之际，中国水利工程学会会长李协率同人一行莅绍，瞻祭大禹陵庙，缅怀先贤，并敬勒《会稽大禹庙碑》一通（今仍置于禹庙大殿西侧）。他们为缅怀大禹和弘扬大禹精神而来，为大禹精神深入科技界人士添写了浓重一笔。

（二）历代部分民祭

1. 先秦的民祭

《吴越春秋》载："禹六世孙无余封于越，春秋祀禹墓于会稽。无余传十余世，末君微劣，禹祀断绝。此时，众民皆助奉禹祭。"这是民间祭禹的最早记载。

2. 唐代及清代的民祭

据史料所及，主要体现在民间祭祀诗和大禹生日祭等两类。

民间祭祀诗：一些身居民间或深知国难民困的诗人，在谒祭时，以诗作讴歌大禹功德或拜祭纪念。唐代诗人崔词《谒禹庙》诗，在歌颂了大禹功业后,结尾有"叨荣陵寝邑,怀古益踟蹰"之句,表明他是祭禹的从祭人。宋代潘阆诗《癸未岁秋七月祷禹庙》,诗曰:因民忧,"自惭无异策",所以"来暗祷"禹庙,"载拜泪双重"。刘彝《题禹庙壁》诗序曰:"皇祐二年(1050年)秋,自剡而西,遇雨数日,农田虽丰,而遭霖雨之害。春、夏饥饿死人,仲秋苦于水患,予心哀焉。夜过鉴湖,人指南山而告予曰:'禹庙也。'予具冠带瞻望,内起恭肃,感叹泣下。次日天明,即上禹庙,遂写屋壁'……万世永赖兮胡不践屡而行之。呜呼禹乎!谁知予心增悲'。"刘氏为民而忧,拜谒禹庙,为民请命。陆游面对南宋半壁江山,在《禹祠》中曰:"天下仇不复,大耻何时祛?"对此,他深感不可待,于是,"挥涕"禹庙。他在《新秋往来湖山间》(之三)中曰:禹祠"去年已愧曳杖来,今者更用儿扶拜。聊持一酌荐丹衷,衰疾龙踵神所贷"。为了雪国耻,他叫儿子扶着到禹庙恭酒祭拜,表明爱国"丹衷"。林景熙《谒禹庙》诗曰:"年年送春时,来拂鲜苔看。"林诗与明代徐渭《与季长沙老师……于禹陵》诗"陵寝年年谒春旦"句意义相同,都表明了每年春时祭扫陵庙的心意。这些诗篇,不一定是作者在祭祀时作成,但其字里行间充满着对大禹的敬仰、缅怀之情,此举或可称之为诗祭。

大禹生日祭:绍兴民间以农历三月初五为大禹生日(绍兴姒姓以六月初六日为大禹生日),是日祭禹,素为会稽传统节序之一。届时,祭祀旺盛,游客云集,买卖成市,社戏连台。陆游《稽山行》诗中，生动形象地反映了"芳鲜初上市"之时，禹庙民祭民娱的盛况，诗曰："禹庙争奉牲……空巷看竞渡，倒社观戏场。"关于禹庙这一民祭习俗，源起于何时未详。在宋嘉泰《会稽志·节序》和清康熙《会稽县志·风俗志》上都有类似记载。至20世纪前叶，三月初五祭禹、嬉禹庙，仍为绍地一大习俗。于此可知其绵续时间之久远。

3. 新中国成立以来有组织的定期民祭

1995年4月20日，浙江省暨绍兴市联合公祭大禹陵后，祭禹活动的基本格局为一年一祭，除逢五、逢十的年份公祭外，其余年份为民祭，祭期大略亦在4月20日。

1996年4月20日，由绍兴市政协、绍兴旅港同乡会、台湾夏氏宗亲会共同发起举行祭祀大禹陵典礼。这是新时代有组织、上规模、定日期的第一次民祭。参祭的有来自中央部门、台港澳同胞、海外侨胞、大禹后裔、省市各界人士、国际友人及台湾中华伦理教育学会祭禹访问团成员等八百余位。绍兴市政协主席戴本妥领祭恭读祭文。继之，台湾夏氏宗亲会代理董事长夏荷生诵读祝祷文。是日下午，在大禹庙又举行两场祭典。先是市工商业界联合会率工商界人士祭禹，继则由市总工会、市青联、市妇联各率成员一起祭禹。是次祭禹前后，市区进行了"奔向新世纪'96绍兴大联谊"活动，活动开展得很红火。4月18日，《绍兴日报》出版了"弘扬大禹精神，振兴古城绍兴"的书画专刊，街上展示千米书法长卷；是日下午，千人上街共舞，二十四支表演队以舞蹈、鼓乐、火炬等表演欢迎四海来宾，绍剧团大彩车上的作品《大禹治水》大禹形象夺目耀人；在市区中兴路上，还举办了祭禹庙会等等。

1997年4月20日的民祭，由绍兴市政协、绍兴旅港同乡会共同发起，会稽山旅游度假区管委会协办，八百多人参加了祭典，市政府领导，市大人代表、政协委员，社会各界代表，部分省市来宾，禹裔代表以及国外友人出席。市政协副主席陈惟于主祭、恭读祭文；陪祭人、绍兴旅港同乡会副会长诵读致祭文。

1998年4月20日的民祭，由绍兴市文化局主办，越城区东浦文化站舞龙队、塔山街道老年腰鼓队、市自来水公司乐队分别入场献艺，祭祀活动更富群众性、民间性的特点。

2001年4月20日民祭，由绍兴姒氏、台湾夏氏、韩国禹氏、河南禹氏"三姓"联合发起，近千名大禹后裔、社会各界人士及中外观光游客参祭。祭礼如仪。唯撞钟改二十一响，以示进入21世纪华夏子孙对先祖大禹的绵绵追思。主祭人为大禹一百四十三世裔孙、浙江工业大学原副校长姒承家先生，他代表"三姓"后裔和各界参祭人士向大禹献上百年佳酿、恭读祭文。祭祀活动均向游客开放，让大家一睹典礼盛况。禹庙祭典结束，全体参祭人员列队到大禹陵碑亭献花篮行礼。旋即登上大禹陵背后石帆山顶，举行大禹铜像揭幕仪式。由绍兴市政协副主席郑淳理、台湾夏氏玉龙、绍兴姒氏承家、河南禹氏树林等为铜像揭幕。

2002年4月20日的祭禹活动，由来自国内外一千多民众参加，他们在鼓乐撞钟声中，行礼、献酒、跳祭舞、读祭文，向大禹表达了敬仰和缅怀之情。

2003年4月20日的祭祀典礼，因正值SARS（"非典"）流行，按上级停止大型活动的指示精神，临时撤销了这项典礼活动。仅举行了以下两次小规模的祭礼：4月26日，绍兴经济开发区管委会、绍兴市水利局、绍兴市文化旅游投资公司等单位代表和禹陵村姒姓代表等人齐集禹庙，向大禹像献酒行礼，并上香、撞钟，还演奏了祭舞乐

民间祭禹

曲。10月17日，南镇会稽山第二届文化旅游节第一天，来自各地（神州五大镇山）的代表，齐齐向大禹像行礼，还按正式典礼仪式祭祀表演。

2004年民祭现场实况

2004年民祭时供奉的祭品

2004年4月21日的祭禹活动,由会稽山旅游度假区管委会承办,绍兴市文物局、文体局、教育局、文联和绍兴文理学院、绍兴日报社、绍兴电视台协办。祭祀前,先举行大禹陵入口工程和祭祀广场竣工仪式,又举行了新建守陵村奠基仪式。参加祭祀典礼的有绍兴市领导,绍兴市各界代表,大禹后裔姒、夏、禹三姓代表,参加中国绍兴水城旅游节的国内外来宾,来自国内外文化界、旅游界和新闻界的

民祭现场

民祭时点香烛

人士共近八百人,参加祭礼的还有观光游客两千余人。主祭姒承家。典礼在新建的祭禹广场举行。广场在大禹陵前一百几十米坡下,禹池西侧。是次典礼,第一次使用新建广场,启用新建祭坛、祭桌。祭坛、祭桌均面向大禹陵,故是次祭禹一改过去先在庙内举行典礼再谒陵的程式。又因广场开阔,天气晴朗,所以行祭过程中,舞龙、鼓乐、祭祀等活动得以充分展开,典礼更呈壮观。

大禹祭典的祭祀场所、
祭器、祭品和祭期

祭禹几千年，祭祀场所屡有变动。据遗存史料考究，大略如下：先古祭祀在宅石亭举行。至明嘉靖初建立大禹陵碑时，在碑后石坎平坡上建享殿一座，自此，祭祀在享殿举行。至清光绪前期，享殿倾圮，祭祀曾在陵碑前举行过，但大多在庙内祭厅举行。民国重建大殿后，典礼就在殿内禹像前举行。近年新建了祭祀广场，内置祭坛、祭桌，场外配以牌坊、神道等。

祀奉大禹的祭器、祭品、祭期、祭仪，历代既有基本定格（如均祀以太牢），但具体陈设亦无恒制，且后代承袭前朝又有因时而异之处。

大禹祭典的祭祀场所、祭器、祭品和祭期

[壹]大禹祭典的祭祀场所

祭禹几千年，祭祀场所屡有变动。据遗存史料考究，大略如下：先古祭祀在窆石亭举行，因其时视窆石所在为圣躬藏穴，故而汉代有"展祭之文"刻于石上。至明嘉靖初建立大禹陵碑时，在碑后石坎平坡上建享殿一座，自此，祭祀在享殿举行。至清光绪前期，享殿倾圮，祭祀曾在陵碑前举行过，但大多在庙内祭厅举行。因当时禹庙的大殿比现在的小，且大禹像前左、右各有五尊侍臣立像，殿内空间不大，设案典礼难以安排，所以祭典在大殿前祭厅举行。民国重建大殿后，殿屋高大，且不置左、右侍臣，所以典礼就在殿内禹像前举行。但现代人口总量增加，民众参祭的热情甚高，祭典又由前代少数官员行祭的封闭性改为开放式，以尽可能满足群众要求，所以在庙内行祭又感到容量太小，设若在大禹陵碑前行祭也不妥，这里树木森森，场面难以铺设。因此，近年新建了祭祀广场，内置祭坛、祭桌，场外配以牌坊、神道等。

祭祀广场在大禹陵碑前缓坡下，禹庙西辕门外告成桥西堍、禹池西侧。其主要建筑及配置设施，自东向西为祭坛、立场、神道、牌

祭禹广场

九龙坛

坊、入口处等，1995年初至2003年春，按陵庙原来的通道走向，先后拓建而成。自入口处的门阙至广场祭坛的建筑设施，主要有：

门阙、九龙坛：门阙在陵庙最西端。绍兴城通会稽山区之绍甘线东侧1公里处，有一对雄峙的门阙，阙外有停车场、公交车停靠站，还有门票房等。门阙至祭祀广场1公里许，有电瓶车为游览观光者免费接送。门阙内大道平展向东，两边芳草绿树，河水荡漾。行200余米，九龙坛凸现于前。坛高5米许，周100米，九大青铜蛟龙攀附

大禹陵牌坊

坛之外周，翘首云天。坛口清水漫溢，似瀑飞溅；坛下喷泉仰发，若雾升腾，水雾交映，蛟龙更显灵气。传说当年蛟龙掀浪，洪水泛滥，后被大禹驯服甘为拱卫，故有此作。又东200余米，就是大禹陵碑坊。

大禹陵牌坊、神道：大禹陵牌坊高耸于九龙坛之东，坊高12米，宽14米，坊额正中置江泽民手书"大禹陵"三个大字。1995年5月15日，时任中共中央总书记、国家主席江泽民瞻仰大禹陵庙，他应绍兴市要求，回京后题写了这一坊名。牌坊柱额上下及两侧，饰有多组石雕饰物：坊额上有双凤朝阳，左、右两端应龙仰首（传说应龙助禹治水，以尾划地而成江河，洪水顺势流向大海），额下沿悬有椒图（即守门龙。神话谓龙生九子，其一称椒图，形似螺蛳，好闭口，故古时以其像为门上装饰），坊柱顶端各有一踞坐鸠鸟（鸠，象征安定；又，越族先人奉其为神鸟，今以平静前视之状置于柱端，寓意双重）。柱脚东西两边，均置神兽辟邪，其状张嘴吐舌，似狮而带翼。

禹陵神道西端的"龙杠"

史游《急就篇》注云："辟邪，言能辟御妖邪也。"因此，置辟邪于坊下，寓守护之意。牌坊之前，横一长5.5米、径0.66米的大"龙杠"，其前侧左、右各竖一高2米多的"拴马桩"。杠、桩均为仿商周式青铜器制成。牌坊居大禹陵神道起点，按古代礼制，无论文官武将或世俗人等，均须在此落轿下马，端肃步行神道。于此，龙杠铭文："宿禹之域，礼禹之区"；拴马桩一铭"止其所止"，一铭"行其尚行"。牌坊两边，各有山丘隆起。南侧称眠牛山，北侧称眠犬山。相传，大禹治水时得牛、犬护助，他死后，牛、犬化作青山，守护陵庙。牌坊东侧，三路并行。左、右便道，可行车至陵庙区外缘，外路穿牌坊门下，为神道起端。神道500米，两侧置石雕神兽十二双，各各左右相对，依次渐东为：天鹿、龙马、狻猊、石虎、神牛、巨象、辟邪、黄熊、三足鳖、九尾狐、野猪、应龙。据传，在大禹治水时，这些神兽曾各施其长，各尽其能，悉心相助；另一说称，神兽系大禹治水大军中各部

禹陵神道石像牲之天鹿

禹陵神道石像牲之龙马

禹陵神道石像牲之巨象

禹陵神道石像牲之狻猊

禹陵神道石像牲之神牛

禹陵神道石像牲之石虎

禹陵神道石像牲之黄熊

禹陵神道石像牲之三足鳖

禹陵神道石像牲之九尾狐

禹陵神道石像牲之野猪

禹陵神道石像牲之辟邪

禹陵神道石像牲之应龙

祭禹广场九鼎台

落图腾的标识。但无论前说还是后说，其寓意或为一致，即均表示当年各部落乃至神兽都竭力支持大禹功业告成，在大禹死后又忠实地守护着大禹英灵。

祭坛：祭祀广场居神道东端，禹池西侧，5000余平方米，地面仿太极八卦图形创设，其中心为太极圆台。圆台径10米，典礼时作祭祀舞场，台外10多米，埋设一圈喷水装置，平日里水柱冲天，亦给游客带来一番情趣。再外侧地面，铺设大型铜质龙、狮、凤浮雕。台南有鼓亭，台北设钟亭。台西北三大图腾柱竖立场边，柱高8米，云龙环绕及顶。图腾三柱象征大禹治水、治国、归还大越这三项与绍兴关系特深的大事。广场西端，九鼎台耸峙一方，其高5米多，立面宽34米，为一花岗石巨壁，壁上浮雕按大禹治水故事，有序敷陈，场面生动，气势恢宏。九鼎台台面宽6米，按"禹铸九鼎"之说，陈列九鼎于

祭坛地面太极圆台效果图

上。《史记·武帝纪》："禹收九牧之金,铸九鼎,象九州。"禹治水告成后,将华夏大地划定为冀、兖、青、徐、扬、荆、豫、梁、雍等九个州,并收集九牧(即各部落或称诸侯国的金属),铸成九鼎,象征王权与国家政令的统一。今台上九鼎,居中者象征扬州。因禹得治水之方于茅山,会万国诸侯在茅山,禹更名茅山曰会稽,禹葬会稽,而会稽当年辖于扬州,故而其鼎略显高大。祭坛在广场东缘,由引桥延伸的禹池方坛上。禹池为古鉴湖一角,水面2万平方米,南大北小,呈葫芦状,北向有告成桥,乌篷船经此可与若耶溪及城乡水道连通。方坛各边长10米,基座上层四壁内斜,分别浮雕青龙、白虎、朱雀、玄武(黑色龟蛇相缠之象)四方之神,象征守护陵寝之意。坛台正中,置一高大翘首石桌,典礼时恭奉祭品,祭奠大禹。

[贰]大禹祭典的祭器、祭品和祭期

祀奉大禹的祭器、祭品、祭期、祭仪,历代既有基本定格(如均祀以太牢),但具体陈设亦无恒制,且后代承袭前朝又有因时而异

祭禹广场九鼎台上的九个大鼎

祭禹广场图腾柱

祭禹广场钟亭

祭禹广场鼓亭

之处。在此，仅将明、清迫于民国乃至当代的有关操典录述于下。

1. 明代祭器、祭品、祭期

（1）祭器：明洪武四年（1317年）定，合祀先代帝王三十五（夏禹列舜后居第八），祭器为登一，铏二，笾、豆各十，爵三，共设酒尊五于殿西阶，酒尊三于殿东阶。二十一年增定，每位铏二，簠、簋各二，五室共设酒尊三，爵四十八。配位每坛笾、豆各二，簠、簋各一，馈盘一，每位铏一，酒盏三。

（2）祭品：祭帝王之帛为白色；牲牢为犊、羊、豕各一。笾实以形盐、麷鱼、枣、栗、榛、芡、鹿脯、白饼、黑饼；豆实以韭菹、醯醢、菁菹、鹿醢、芹菹、兔醢、笋菹、鱼醢、脾析、豚胉；簠、簋实以稷、粱；登实以太羹；铏实以和羹。酒斋仿周制，用新旧醅，以备五斋三酒。其实于尊之名数，各不同。

（3）祭期：每三年遣官致祭一次，遇国有大事则特遣告祭，具体行祭日期由钦天监择，太常寺预于十二月朔至奉天殿具奏。洪武七年命太常卿议祭祀日期，书之于版，依时以祭，著为式。其祭日，遣官监察，不敬失仪者罪之。

2. 清代祭器、祭品、祭期

（1）祭器：光绪三十二年（1906年）定，历代帝王正位十六案，案设爵三，登一，铏、簠、簋各二，笾、豆各十，筐一，共俎七，尊七。两庑配位二十案，案设爵十二，铏二，笾、豆各四，簠、簋各一，共俎四,尊四。

（2）祭品：笾用形盐、蒿鱼、枣、栗、榛、菱、芡、鹿脯、白饼、黑饼；豆用韭菹、醓醢、芹菹、兔醢、笋菹、鱼醢、脾析、豚胉。笾四者,止实形盐、枣、栗、鹿脯；豆四者,止实菁菹、鹿醢、芹菹、兔醢。登一,太羹。铏二,和羹。簠二,稻、粱。簋二,黍、稷。帛,用白。牲牢：帝王用太牢,羊一、牛一、豕一；两庑用少牢,羊一、豕一。

（3）祭期：清初定历代帝王春秋仲月祭,凡巡幸所莅皆祭陵庙,国有大事特遣告祭；按常例祭的,则于前一岁正月,"疏卜吉者及诸祀定有日者以闻"。其祭祀时刻,坛庙用黎明。嘉庆七年（1802年）定祭历代帝王,或遇忌辰不改祀期；光绪八年（1882年）,谕祭祀行礼,当在寅卯间。光绪九年,申定祗候例,中祀鸡初鸣,朝服莅所。

3. 民国特祭之席位、祭品、祭器、祀事仪注及绍兴县厘定年祭日期

民国二十四年（1935年）,浙江省政府特祭大禹陵；次年二月,绍兴县厘定每年九月十九日（公历）例祭大禹陵。

（1）席位："拜位"设"正献位"一于享殿东南,"分献位"二于"正献位"南稍退,"陪祭位"分列东、西两旁稍退,姒姓后裔"陪祭位"在西稍南特设。"执事位"设于"正献位"东南重行西面北上。"通赞位"一,设"分献位"西南东面。"酒樽所"设于庙堂上前楹间室户之外,北向。正献之樽在西,分献之樽在东。樽皆加勺幂,有坫以置爵。"币篚所"设币篚于樽。"盥洗所"设东阶东南，北向。"罍洗"罍在洗东，篚在洗西南。"福胙位"位一，设于庙堂上香案东南。"上香位"位一，设于香案前。"读祝位"位一，设于香案西南。"司樽罍洗篚位"设于樽罍洗篚后。"司户位"设庙门中，左右各二。

（2）祭品："正献祭品"，中行设爵三，在上行。次登一，居中，实太羹。登左右铏各一，实和羹。次东簠、西簋各二，簠实稻、粱，簋实黍、稷。东笾十，实芡、形盐、鹿脯、白饼、黑饼、枣、栗、榛、菱、鲼鱼。西豆十，实韭菹、菁菹、笋菹、鹿醢、鱼醢、脾析、豚胉、芹菹、兔醢、醯醢。次篚一，实帛。次俎三，实牛、羊、豕。次炉一、烛台二。

"分献祭品"，东、西两庑中行，各设爵三。次簠一，实黍。簋一，实稷。次铏一，实和羹。次俎二，实羊、豕。次炉一、烛二。前设篚，实帛。每位一，东笾四，实鹿脯、形盐、枣、栗；西豆四，实芹菹、醯醢、菁菹、鹿醢。

（3）祭器：爵九，樽三，笾、豆各十八，登一，铏三，洗二，祝版一，俎七，鼓、钟各一，炉三，烛台六，簠、簋各六，坫十一，东、西两庑各位爵和一。

（4）祀事仪注：通赞：鸣炮（九响）；鼓初严，鼓再严，鼓三严；执事者各司其事；奏乐，乐止；主献官就位，分献官陪祀者皆就位；鸣钟（九响）；司户者启户；迎神；奏乐，乐止；上香；奠帛爵。

正引赞：分献官诣盥洗所盥洗，诣夏后大禹神位前；初上香，亚上香，三上香；灌爵；鞠躬；复位。

分引赞：分献官诣盥洗所盥洗，诣东、西庑配享神位前；初上香，亚上香，三上香；灌爵；鞠躬；复位。

通赞：鞠躬，再鞠躬，三鞠躬。

通赞：行初献礼；奏乐，乐止。

正引赞：主献官诣酒樽所举幂勺酒，诣夏后大禹神位前；奠帛；初献爵；鞠躬（通赞：读祝，诣读祝位，恭立俯首，司祝员读祝）；鞠躬；复位。

分引赞：分献官诣酒樽所举幂勺酒，诣东、西庑配享神位前；奠帛；初献爵；鞠躬；复位。

通赞：行亚献礼；奏乐，乐止。

正引赞：主献官诣酒樽所举幂勺酒，诣夏后大禹神位前；亚献爵；鞠躬；复位。

分引赞：分献官诣酒樽所举幂勺酒，诣东、西庑配享神位前；亚献爵；鞠躬；复位。

通赞：行终献礼；奏乐，乐止。

正引赞：主献官诣酒樽所举幂勺酒，诣夏后大禹神位；终献爵鞠躬（稍待）；诣福胙位；饮福受胙；鞠躬；复位。

通赞：饮酒受胙（稍待）。

分引赞、分献官诣酒樽所举幂勺酒，诣东、西庑配享神位前；终献爵；鞠躬；复位。

通赞：鞠躬，再鞠躬，三鞠躬。

撤馔：奏乐，乐止；送神；鸣钟，鸣鼓，鸣炮；捧神帛香馔送燎（司祝员捧祝，司帛员捧筐，司香员捧香，司馔员捧馔，由中道出）；望燎；礼成。

（5）祭期：民国二十五年（1936年）二月，绍兴县政府厘定年祭日期为九月十九日，为此呈文省政府并得允准。其呈文云："自是历朝祀禹，岁以春秋仲月诹日。其所诹之日，大抵如祀孔之用上丁与《小戴记》所载内事用之柔日。柔日者，天干中之乙、丁、己、辛、癸也。民国肇兴，采用世界通历，久已不用干支，上丁、柔日俱难沿用。惟思大禹奠定九州，九山刊旅，九川涤源，九泽既陂；其治国大法则有《洪范》九畴，而《易·乾》九五为人君之象，故祀禹月日数宜用九。且今之九适当夏历仲秋，新谷既熟，奉而尝之于古人，春秋匪懈之义其庶几乎！爰定九月十九日为会稽山大禹陵庙年祭之期，每届由县主办，著为常典，俎豆千秋。"

4. 新中国成立后1995年公祭典礼的礼器、祭器、祭品、司仪主持词、谒陵仪式主持词。

1995年4月20日，浙江省暨绍兴市各界举行公祭大禹陵典礼。这是祭禹活动中断几近"一个甲子"后举行的第一次盛典，故而典礼所需仪物，悉数全新配置，其形制寓意，既承古典，又赋以新时代特色。

（1）礼器：禹钟，重2吨，高2.1米，青铜浇铸，刻有"地平天成"四大字及铭文、监制、敬献、铸造等字样。

（2）祭桌、祭品、祭器：祭桌长4米，宽1.1米，高（连座托）1.5米，木质，边角有铜饰件。

祭品：太牢，即"三牲"，牛头、猪头、羊头各一只。"五谷"，取《孟子·滕文公上》之说，为稻、麦、黍、稷、菽。均带穗；果品为诸暨枫桥香榧，新昌小京生花生，上虞下管板栗，红枣。丝帛：黑、白、黄三色丝绸数匹。酒用绍兴黄酒上等佳酿，绍兴酿酒总公司制。

祭器：爵三只，定制，盛酒用。筒盘十三只，盛三牲、五谷、果品、丝帛。洗：陶瓷质，盥手用，绍兴瓷厂特制。陶盆：盛酒用。方盘：棕红漆竹编，端祭文用。

（3）典礼司仪主持词：1995年浙江省暨绍兴市各界公祭大禹陵典礼现在开始。全体肃立、雅静。

请主祭人浙江省省长万学远登拜厅。

请陪祭人登拜厅。

请主祭人盥手就位（主祭人从拜厅下至御碑亭天井站定，礼生端上水洗、毛巾，主祭人盥手后由导引继续引导至祭桌前就位）。

请陪祭人盥手就位（过程同前）。

鸣铳（九响）。

击鼓（三十三响）。

撞钟（十二响）。

奏乐（鼓号齐鸣，约两分钟）。

献酒（奏细乐，与献酒同步）。

请1995年浙江省暨绍兴市各界公祭大禹陵筹委会副主任、中共绍兴市委书记鲁志强敬酒（奏细乐）。

一敬酒！

亚敬酒！

三敬酒！

全体肃立，向大禹像行礼：

一鞠躬！

再鞠躬！

三鞠躬！

请主祭人恭读祭文（先奏细乐半分钟）。

献舞（约五分钟）。

礼成（再放铳九响，鼓乐齐鸣，约一分钟）。

（在大禹庙大殿典礼告成后，主祭即领全体参祭人员谒陵。）

（4）谒陵司仪主持词：

现在举行谒陵仪式。

请1995年浙江省暨绍兴市各界公祭大禹陵筹委会代表敬献花篮（两位代表随礼仪小姐敬献花蓝，献毕归队）。

享殿祭铜两件

享殿祭器爵三件

享殿祭器尊六件

享殿祭器簠十件

享殿祭器登一件

享殿祭器豆十件

享殿祭器簋二件

享殿祭器簠四件

享殿供奉的大禹神位

享殿祭器俎三件

享殿祭桌供品

享殿正殿神龛

享殿祭器篚一件

享殿祭器排列状态

向大禹陵行礼:

一鞠躬!

再鞠躬!

三鞠躬!

礼仪小姐引导队伍经碑廊退出,接着依次请中央部门领导、国外来宾、港澳同胞和海外侨胞、台湾同胞、外省市来宾、参加大禹研究学术讨论会代表、省级单位代表、兄弟地市代表、浙江省水利会议代表、绍兴市各界代表向大禹陵敬献花篮、鞠躬行礼,程式与前同。

大禹祭典的承传、
保护和发扬光大

大禹祭典之所以能千秋长盛
不衰，不仅是由于大禹陵在
四千年的风风雨雨里，为人
们崇敬、保护和承传着，更
因为大禹一生创建的伟大功
业和树立的明德风范，感召
着代代华夏儿女的心，「心
怵而奉之以礼」，所以，大
禹陵庙的祭祀必有传承不绝
之地。

大禹祭典的承传、保护和发扬光大

《礼记·祭统》曰:"夫祭者,非物自外置者也,自中出,生于心也,心怵而奉之以礼。"会稽大禹祭典之所以能千秋长盛不衰,不仅是由于大禹陵在四千年的风风雨雨里,为人们崇敬、保护和承传着,更因为大禹一生创建的伟大功业和树立的明德风范,感召着代代华夏儿女的心,"心怵而奉之以礼",所以,大禹陵庙的祭祀必有传承不绝之地,及此,历朝历代对大禹陵庙的保护和修缮中或可见一斑。现将修缮纪事收录于下。

[壹]历代大禹陵庙修缮纪事

夏·公元前2062年:禹子启即天子位。启"使使以岁时春秋而祭禹于越",立宗祠于南山(会稽山古代别称)之上。

东周·公元前496年:无余三十九世孙越王勾践继父允常位。其时,故禹宗庙在小城南门外大城内,地当今大禹陵庙所在处。

汉·公元前126年:汉武帝元朔三年,司马迁"上会稽,探禹穴"。公元126年:五月,禹庙窆石有人题刻于上。据清康熙浙江督学张希良考证,以为"展祭之文"。

南朝·公元420—422年:宋武帝永初间,敕修禹庙。公元454—

464年：宋孝武帝使任彦修禹庙，土中得白璧三十余枚，明知万国所执。公元502—519年：梁武帝天监间，复修禹庙，穿得碎圭及璧百余片；又，以一梅木为梁，史称梅梁。

隋·公元606年：宋金石学家赵明诚《金石录》载：隋代，禹庙有史陵正书、大业二年五月立碑，文字磨灭十五六，故称隋禹庙残碑。

唐·公元808年：宪宗元和三年，修庙并复禹衮冕。

宋·公元960年：宋太祖建隆元年，诏：前代帝王陵寝……宜以郡国置户以守，瓅毁者葺之。公元966年：宋太祖乾德四年，九月丙午，诏：吴越国立禹庙于会稽。公元1133年：宋高宗绍兴三年，重修禹庙。公元1164年：宋孝宗隆兴二年，诏修禹庙。公元1180年：宋孝宗淳熙七年，庙圮，次年重建。公元1192年：宋光宗绍熙三年，十月，修大禹陵庙。

元·公元1311年：元武宗至大四年，绍兴路总管主事修庙。公元1324年：泰定帝泰定元年，绍兴路总管主事修庙。

明·公元1370年：明太祖洪武三年，遣官审视大禹陵庙，浙江行省上呈大禹陵庙图。是年，禹庙大修，制衮冕，函香币、以白金二十五两具祭物。公元1376年：明太祖洪武九年，令五百步之内禁人樵采，设守陵户二人。公元1461年：明英宗天顺三年，以石材易木料重建窆石亭。公元1523年：明世宗嘉靖二年，曾任礼部主事、员外郎的闽人郑善夫来越，实地考察宛委山一带，"徘徊瞻眺"禹庙、窆石亭四周的地形地物，研究相关的历史，认定窆石是禹下葬时的工具，而大禹的墓穴应在庙南数十步菲饮泉之上。当任知府、渭南人南大吉"信之"。公元1524年：明世宗嘉靖三年，知府南大吉在郑善夫所指地域，营建大禹陵园。陵园地广约十公顷，北接禹庙，与隔百余米的窆石相望，南傍大禹寺古刹，西起禹池东岸，沿150米甬道东向上大禹山（别称禹王山）麓，依次建置棂星门三间、中门三间、大禹陵碑亭一座（碑上刻南大吉书"大禹陵"三个大字）、陵献殿三间，斋宿房一所在棂星门北侧、禹庙南墙外。是年，南大吉重修禹庙。庙有正殿七间、东西两庑各七间，中门三间，棂星门三间，大门一间，宰牲房一所，窆石亭一座。公元1540年：明世宗嘉靖二十年，知府张明道等按岳麓书院摹本翻刻入石，建岣嵝碑（禹书碑）并亭一座。公元1587年：明神宗万历元年，《绍兴府志》刊行，内有《禹陵园》（含禹庙图）一幅，这是首见于方志的大禹陵庙图。其图示之陵庙建筑群落，与万历三年《会稽县志》所载的南大吉建、修之陵庙建筑规模一致，亦与遗存至今的陵庙格局相同。

　　清·公元1652年：清世祖顺治九年，诏修禹庙。公元1702年：清圣祖康熙四十一年，继康熙二十八年敕修陵庙之后，康熙四十一年，又敕修大禹陵庙。公元1713年：清圣祖康熙五十二年，敕修大禹陵庙。公元1729年：清世宗雍正七年，诏谕：禹陵应修处所，勘估修葺，敬谨防护。公元1733年：清世宗雍正十一年，敕修禹庙。公元

1735年：清世宗雍正十三年，允准以浙江修海神庙余金助修。公元1736年：清高宗乾隆元年，按上几年筹措，修葺陵庙，翌年毕工，用资白金一万二千两有奇。公元1798—1811年：清仁宗嘉庆三年至十六年，觉罗百善任绍兴知府十四年，他到任之初和离任之前各修葺陵庙。公元1899年：清德宗光绪二十五年，重修大禹庙。这是有清一朝累代修营陵庙的最后之举。关于此次修庙，当任知府熊起磻于光绪二十六年为此次修庙所撰《重修大禹庙碑》有以下记述："光绪元年，巡抚杨委、绍兴总捕王丞修之……二十四年，余来导是邦，展拜王祠，周览古迹，见亭（大禹陵碑亭）后陵殿久成荒芜，不辨基地；东庑颓废，墙壁仅存；西庑为守祠子孙放农具，污秽不治。正殿及中门、棂星门并左右朝房、窆石亭、岣嵝碑亭均多渗漏倾圮，神像亦被风侵虫蚀，残缺不全……因禀层宪，拨款购料，择吉兴工，其役五阅而葳事，庙貌重新。"

中华民国·1917年：中华民国六年，禹庙大修，用钢筋水泥仿古重建大殿，新塑大禹立像。工程历时十有六月，次年告成。公元1941年：中华民国三十年10月15日，正当中秋节，我军强攻被日寇侵占的绍兴城及其香炉峰据点，其时日寇死守并以猛炮对峙，一发炮弹落到了禹庙大殿顶上，屋顶穿了大洞，禹像受损，一侍像被毁。

[贰]新中国成立后对大禹陵庙的保护和修缮

1952年8月，绍兴县政府函告禹陵乡政府，注意保护大禹陵庙，并上报实情。11月，华东局文化部、省文化局先后致函绍兴县政府：派员勘察荒废情况，如需修葺整理，即造预算报核。12月28日，政务院文化部文物局长王冶秋视察禹陵。

1956年8月1日，强台风袭击绍兴，庙屋瓦片大部分被吹飞。部分挑角损坏，厢庑吹毁，围墙多处塌倒，陵碑亭吹落。9月，绍兴县政府组织力量对禹陵作大修。

1957年12月，自上年9月开始的禹庙大修工程毕工。

1959年3月下旬，在台风猛袭中，大禹碑石吹倒仆地，但石体完好无损。

1961年2月15日，省人民委员会公布全省第一批文物保护单位，禹陵在列。是年，施工扶竖倒地的大禹陵碑时，钢索断绝，碑石摔为两截。后在其背面敷以钢筋水泥，腰部两侧镶嵌钢轨条进行加固，碑石屹立如旧。

1964年10月，省文化局、财政厅联合发文拨款4000元，用于禹陵、兰亭等四处省级文物保护单位的局部维修。

1966年8月，"文化大革命"突起，"红卫兵"将禹庙列为破"四旧"重点，拉倒大禹塑像，取下禹像头部装入箩筐，用双轮车推到城里游街示众。同时，焚毁了殿前两厢神主，涂抹了部分碑石。

1970年8月至10月间，经绍兴县革委会和上级革委会批准，在禹庙建立农药厂，前期工程拆毁了南部围墙、三间棂星门及石狮一对、前院石板甬道三列。时任省革委会副主任、主管文教工作的周建人知情后，即函电阻止，未能见效。遂亲自赶赴禹庙视察实情后，明确指出：陵庙古迹一定要保护，农药厂必须搬出，庙宇按原样修复。至此，农药厂才撤出禹庙，但庙宇未作修复。

1976年至1980年10月，渐次修复了被"红卫兵"和农药厂捣毁、拆除的建筑，重塑了大禹像，但棂星门及两厢神主未能复旧。

1979年11月，重新对外开放。

1981年，浙江省公布省级重点文物保护单位，大禹陵庙在列。

1982年4月，建立禹陵文保所。

1983年9月26日，全国人大常委会副委员长阿沛·阿旺晋美瞻仰陵庙。

1985年10月，翻修宰牲房。11月，以征用办法收回原属陵园土地14亩多。12月，修砌原陵献殿前石坎。12月13日，文化部长朱穆之参观陵庙。

1986年3月，在越中古刹大禹寺旧址新建的禹祠完工。12月，种植柏、桧、银杏、樟树、桂花四百余株。

1987年8月，禹陵围墙修筑告竣。12月，新建禹陵碑廊，秦《会稽刻石》等碑移入廊内。

1988年5月，浙江省政府正式批准大禹陵庙保护区范围和建设控制地带。（保护范围为现禹陵界址内全部建筑物（含碑刻）、池塘、禹池、禹贡桥。一类控制地带：东至禹王山（大禹山）西坡，西由禹陵西围墙至贵弄河沿；二类控制地带：东至石帆山山脊，南至花园岗山脊，西至眠牛山、眠犬山西山脚，北至朝堞冕前畈。

1989年4月7日，国家文物局党委书记杜屿文一行到禹陵考察。9月，中共浙江省委书记李泽民视察陵庙。

1991年5月20日，中共中央政治局常委、全国政协主席李瑞环视察陵庙。9月23日，原航空航天部长莫文祥参观陵庙。10月11日，国家农业部长刘仲一参观陵庙。

1995年2月10日，浙江省公布第一批省级爱国主义教育基地，禹陵在列。4月5日，在禹陵入口处眠牛山、眠犬山之间新建的大禹陵牌坊落成，由牌坊通向大禹陵新建的神道第一期工程（神道主干线）完工。4月10日，请河北省承德市古建队承办的禹庙局部彩绘维修工程竣工，历时五十天。

1996年10月14日，国家教委、文化部、文化局、解放军总政治部等六部委联合发文公布全国中小学百家爱国主义教育基地，大禹陵为百家之一。11月20日，国务院公布大禹陵为全国重点文物保护单位。

1997年6月，中共中央宣传部公布大禹陵为全国爱国主义教育示范基地。

1999年11月，修葺大禹陵碑亭、菲饮泉亭。12月，为适应至陵庙游览参观人数日增的需要,在禹庙西辕门侧禹贡桥左新建人行桥一座,新老二桥成"井"字形共存体。

2001年12月,对大禹陵碑后原享殿遗址作地质勘探。

2004年3月,新建祭祀广场和神道二期工程竣工。神道自大禹陵牌坊至祭祀广场,全长500米,神道两侧置神兽十二对。祭祀广场约5000余平方米,西接神道,东向大禹陵,紧傍禹池、禹贡桥,设有祭坛、太极圆台、钟鼓二亭、观瞻台、九鼎台和图腾柱等。至此,大禹陵的区域范围,扩大到1平方公里许。

2007年,对禹庙拜厅进行落架大修,并加固地基。

2008年,绍兴市人民政府拨专款维修禹庙的拜厅、午门,同年4月完成大禹陵享殿的重建工程,完善了大禹陵作为中国古代帝王陵园的规格与布局。

附录

[壹]历代祭文选录

1. 南朝:

宋文帝遣左曹掾谢惠连祭禹庙文

谢惠连

谨遣左曹掾奉水土之羞,敬荐夏帝之灵。咨圣继天,载诞英徽。克明克哲,知章知微。运此宏谟,恤彼民忧,身劳五岳,形疲九州。呱呱弗顾,虔虔是钦。物贵尺璧,我重寸阴。乃锡玄圭,以告成功。虞数既改,夏德乃隆。临朝总政,巡回观风。淹留稽岭,乃徂乃宫。恭司皇役,敬属晖融。神且略荐,乃昭其忠。

——《宋文纪》

梁武帝祭禹庙文

王僧儒

惟帝禀图上昊,贻则下民。五声穷听,四乘兼往。轻璧借景,既舍冠履。爱人亡我,不顾胼胝。下车以泣,事深罪已。凭舟靡惧,义存拯物。盛业方来,遗神如在。爱被昆虫,理有好生之德;事安菲素,固无厚味之求。是用黍稷非馨,蘋蘩以荐。克诚斯响,凭心可答。

——《全梁文·卷五十二》

2. 唐代

德宗祭大禹庙文

陆 贽

维贞元元年某月某日,皇帝遣某官以牢醴之奠,敬祭于大禹之灵。惟王德配乾坤,知侔造化,拯万类于昏垫,分九州于洪波。经启之功,于今是赖,巍巍荡荡,无得而名。顾以眇身,辱承大宝,时则异于今古,道宁间于幽明。虽依圣垂休,谅非可继,而勤人励己,窃有所希。迨兹八年,理道犹昧,沴气郁结,降为凶灾,邦无宿储,野有饿殍。上愧明哲,下惭生灵。夙夜忧惕,如蹈泉谷。所资漕运,用拯困穷。砥柱之间,河流迅激,舟楫所历,罕能获全。爰命工徒,凿山开道,避险从易,涉安代危。嗷嗷烝人,俟此求济。仰祈幽赞,以集丕功,享于克诚,庶答精意。

——《全唐文》

越州长史宋之问祭禹庙文

宋之问

维大唐景龙三年岁次己酉月日,越州长史宋之问谨以清酌之奠,敢昭告于夏后之灵。昔者巨浸横流,下民交丧,惟后得流星贯昴之梦,受括地理水之符。厎定九州,弼成五服。遂类上帝,乃延群公。自有生灵，树之司牧。大灾莫逾于尧日，勤人不越于夏君。向微随山奠川之功，苍生为鱼。至今二千九百年矣。肇为父子，始生君臣，兴用天之道，广分地之利者，呜呼，皆后之地也！之问移班会府，出佐计乡，遂得载践遗尘，远探名穴。朝玉帛于斯地，声存而处亡；留精灵于此山，至诚而响发。悲夫！井家相连，于今几年。当其葬也，上不通臭，下不及泉，棺绞葛兮坟收壤，鸟耘荒兮象耕田。先王为心，享是明德。后之从政，忌斯奸慝。酌镜水而励清，援竹箭以自直。谒上帝之休佑，期下人之苏息。日之吉，神之歆，激楚舞，奏越吟，芳俎溢，醇罍深。遗羞厌于鱼鸟，余沥醉于山林。忽云摇兮凤举，空寿堂兮阴阴。

——《全唐文·卷二百四十一》

3. 明代

录祭文三种：新皇帝登极告祭文，皇帝每三年遣官传制致祭文，有司（即地方长官）岁时春秋二仲月祭之祭文。

登极祭文有洪武、宣德、正统、天顺、成化五篇传世，录三篇于此，其中景泰告祭文与正统同，弘治、正德、嘉靖、隆庆、万历与成化同。

洪武四年皇帝遣臣告祭夏禹王文

曩者有元失驭，天下纷纭。朕集众平乱，统一天下，今已四年矣。稽诸古典，自尧舜继天立极，列圣相传，为蒸民主者，陵各有在。虽去古千百余载，时君当修祀之。朕典百神之祀，故遣官斋牲醴奠脩陵。君灵不昧，尚惟歆飨。

正统元年皇帝遣臣告祭夏禹王文

惟王奠安海宇，致治之功，民用永赖。予嗣承大统，祗严祭告，用祈佑我家国，永底隆平。尚飨。

成化元年皇帝遣臣告祭夏禹王文

惟王肇启王业，以家天下，治水神功，万世赖焉。兹予祗承天序，式脩明祀，用祈鉴佑，垂福我邦家。尚飨。

皇帝遣官传制祭文（洪武三年定式）

昔者奉天明命，相继为君。代天理物，抚育黔黎。彝伦攸叙。井井绳绳，至今承之。生民多福，思不忘报。特遣使斋捧香帛，命有司诣陵致祭。惟帝英灵，来歆来格。尚飨。

有司春秋二仲月祭文

维王功加当时，泽垂后世。陵寝所在，仰止益虔。

——明万历三年《会稽县志》

4. 清代

有祭文十一篇，录于此四篇。

康熙二十八年康熙帝亲祭禹陵亲撰亲读祭夏禹王文

惟王精一传心，俭勤式训。道由天锡，启皇极之图畴；功在民生，定中邦之井牧。四载昔劳胼胝，永赖平成；九叙早著谟谋，惟歌府事。行其无间，德远益新。朕省方东南，道经吴越，睹长江之浩渺，

心切溯洄；瞻高嶙之嵯峨，企深仰止。幸矣！松楸伊迩，俨然律度可观。特荐馨香，躬脩祀事，惟祈灵爽，尚克来歆。

康熙四十八年遣卢起龙致祭夏禹王文

朕惟古帝王正位临民，代有令德，是以享祀千秋，用昭钜典。朕仰荷天庥，抚临海宇，建元立良，历四十余载。不意婴狂易之疾，深惟祖宗洪业及万邦生民所系至重，不得已而有退废之举。嗣后渐次体验，当有此大事时，性生奸恶之徒，各庇邪党，借端构衅。朕觉其日后必成乱阶，随不时究察，穷极始末，因而确知病原，皆由镇厌，极为除治。幸赖上天鉴佑，平复如初。朕比因此事，耗损精神，致成剧疾。皇太子晨夕左右，忧形于色，药饵必亲，寝膳必视，惟诚惟谨，历久不渝，令德益昭，丕基克荷。用是复正诸位，永固国本。特遣专官，敬申殷荐，尚祈歆格。

乾隆十六年高宗纯皇帝亲祭夏禹王文

惟王神灵首出，文命宣昭。平地成天，万世仰随刊之绩；府修事治，兆人歌功叙之休。绍统绪于见知，亲承帝训；际都俞之交赞，时拜昌言。成允成功，继勋华而媲美；不矜不伐，诵谟典而兴怀。追维窆石之封，想像导河之烈。朕省方问俗，莅止会稽，瞻冈殿之穹窿，式临南镇；仰神功之巍焕，永奠中邦。俎豆亲陈，苾芬载荐。

乾隆四十一年遣内阁学士汪廷玙致祭夏禹王文

惟帝王德洽恩威，义严彰瘅。锄奸禁暴，昭命讨之无私；辑运绥荒，振声灵之有赫。兹以两金川大功全蒇，逆党咸俘。珍遗孳于番陬，戢武协求宁之志；缅丰功于前代，庆成觋耆定之麻。特遣专官，肃将禋祀，惟冀歆格。

——乾隆《绍兴府志》

5. 民国

民国二十四年浙江省政府主席黄绍竑祭告夏禹王祝文

惟王克勤克俭，成允成功。善政在乎养民，声教讫乎四海。随山刊木，九泽既陂。祗召德先，庶士交正。蒸民乃粒，百谷用成。明德惟馨，万世永赖。黄绍竑等祗承典祀，夙夜惟寅，享于克诚，永膺多福。谨告。

——《祀禹录》

6. 新中国

1995年浙江省暨绍兴市各界公祭大禹陵文

维公元一千九百九十五年，岁次乙亥，季春之月，谷雨良辰，浙江省省长万学远等谨代表全省四千三百万人民，偕同台湾同胞、港澳同胞、海外侨胞、华人代表，敬具香花牲礼，奉祭于大禹陵前，曰：

巍巍大禹，轩辕裔孙。克绳祖武，继烈扬芬。

受命治水，披山通泽。劳身焦思，民始安宅。

八年于外，夙夜在公。车橇驱驰，沐雨栉风。

精勤敏给，寸阴是惜。心系苍生，过门不入。

平成厎定，茅山计功。万方执帛，九州攸同。

一沐三握，一饭三起。虚怀从善，谨严律己。

卑宫菲食，克俭克勤。举贤授能，区宇以宁。

东巡吾浙，崩葬会稽。千秋俎豆，瞻拜灵仪。

缵绪务本，疏湖筑塘。良田沃土，鱼米之乡。

东南竹箭，挺生英裔。志士仁人，前赴后继。

百年中土，历尽沧桑。鸡鸣风雨，多难兴邦。

改革开放，擘划万端。图强大业，尚多艰难。

励精图治，惩腐清埃。汲古鉴今，继往开来。

民族团结，侨旅同心。河山一统，大旗共擎。

凡我同胞，血浓于水。国运昌隆，举世称美。

缅怀祖德，豪气如虹。艰苦奋斗，再创神功。

值此阳春，风和日丽。赫赫我祖，鉴临天地。

稽山苍苍，浙水泱泱。神州大同，共荐馨香。

尚飨。

台湾夏氏宗亲会代表团祭始祖禹帝四三一〇诞辰祝告文

维公元一九九五年，岁次乙亥，秀春月下浣之一日。台湾夏氏宗亲会副会长夏荷生暨宗亲代表光卓、宗维、玉龙等谨以三牲、酒馔、香花、鲜果之仪敬告予始祖禹帝之神灵，而言曰：

猗欤始祖，神恩浩荡，德配天地，功纪宪章。

承尧继舜,政秉乾纲,泽被黎庶,立极丕藏。

佑启山林,开凿蛮荒,救焚拯溺,通济疏漳。

震泽既定,教民蚕桑,衽席弗安,坚决履霜。

东巡崩殂,会稽云亡,苍碣镂勋,瘗文山阳。

启绳遗绪,克绍厥昌,绵历万祀,穆穆伦常。

千秋禋祀,谨献椒浆,灵其凭式,鉴此烝尝。

祷告!

[贰]历代颂禹诗文精选

1. 先秦

卿云歌

舜将禅禹,于是俊乂百工,相和而歌卿云。帝唱之,八百咸稽首而和。帝乃载歌:

卿云烂兮,纠缦缦兮。

日月光华,旦复旦兮。

——《古诗源·卷一·古逸》

帝载歌

日月有常,星辰有行。

四时从经,万姓允诚。

于予论乐,配天之灵。

迁于贤善,莫不感听。

鞷乎褧之,轩乎舞之。

菁华已竭,褰裳去之。

——《古诗源·卷一·古逸》

虞人之箴

辛 甲

茫茫禹迹,画为九州,经启几道,民有寝庙,兽有茂草,各有攸处,德用不扰。

——《左传·襄公四年》

2. 三国、魏

画 赞

曹 植

夏 禹

吁嗟夫子,拯世济民。克卑宫室,致孝鬼神。蔬食薄服,绂冕乃新。厥德不回,其诚可亲。亹亹其德,温温其仁。民称无间,何德之纯。

禹治水

嗟夫夏禹,实劳水功。西凿龙门,疏河道江。梁岐既辟,九州以同。天赐玄圭,奄有万邦。

禹渡河

　　禹济于河,黄龙负船。舟人并惧,禹叹仰天。予受大运,勤功恤民。死亡命也,龙乃弭身。

禹　妻

　　禹娶涂山,土功是急。闻启之生,过门不入。女娇达义,明勋是执。成长圣嗣,天禄以袭。

——《全三国文·卷一七》

3. 晋

夏禹赞

挚　虞

　　块堤疏河,刊山敷土。四隩既宅,彝伦攸叙。卑宫菲食,以宁区宇。

——《全晋文》

4. 南北朝

乱后经禹庙

庾肩吾

金简泥新发,龙门凿始通。

配天不失旧,为鱼微此功。

秦皇观大海,魏帝逐飘风。

去国嗟行迈,频年任转篷。

月上关山北,乡临天汉东。

甲胄犹有志，苟息本怀忠。

待见欃枪灭，归来松柏桐。

——《会稽掇英总集》

禹渡江赞

庾　信

三江初凿，九谷新成。

凤飞鹢涌，水起龙惊。

乐天知命，无待忧生。

危舟遂静，乱楫还平。

——《御览》八十二

5. 唐代

题禹庙

宋之问

夏王乘四载，兹地发金符。

峻命终不易，报功畴敢渝。

先驱总昌会，后至伏灵诛。

玉帛空天下，衣冠照海隅。

旋闻厌黄屋，更道出苍梧。

林表祠转茂，山阿井讵枯。

舟迁龙负壑，田变鸟芸芜。

旧物森如在，天威肃未殊。

玄夷届瑶席，玉女侍清都。

奕奕肩闱遽，轩轩仗卫趋。

气清连曙海，云白洗春湖。

猿啸有时答，禽言常自呼。

灵歆异蒸糈，至乐匪笙竽。

茅殿今文袭，梅梁古制无。

运遥日崇丽，业盛答昭苏。

伊昔力云尽，而今功尚敷。

揆材非美箭，精享愧生刍。

郡职昧为理，邦空宁自诬。

下车霰已积，摄事露行濡。

人隐冀多祐，曷唯沾薄躯。

——《全唐诗》

注：宋之问，汾州西河（今山西汾阳）人，登进士第，唐景龙三年（709年）任越州长史。

谒禹庙

徐　浩

亩浍敷四海，川源涤九州。

既膺九命锡，乃建洪范畴。

鼎革固天启，运兴匪人谋。

肇开宅土业，永庇昏垫忧。

山足灵庙在，门前清镜流。

象筵陈玉帛，容卫俨戈矛。

探穴图书朽，卑宫堂殿修。

梅梁今不坏，松栿古仍留。

负责故乡近，竭来申俎羞。

为鱼知造化，叹凤仰微猷。

不复闻夏乐，唯余奏楚幽。

婆娑非舞羽，镗鎝异鸣球。

盛德吾无间，高功谁与俦。

灾淫破凶慝，祚圣拥神休。

出谷莺初语，空山猿独愁。

春晖生草树，柳色暖汀洲。

恩贷题舆重，荣殊衣锦游。

宦情同械系，生理任桴浮。

地极临苍海，天遥过斗牛。

精诚如可谅，他日寄冥搜。

——《全唐诗》

注：徐浩，越州剡县（今浙江嵊州）人，唐开元五年（717年）明

经及第，历任太子校书、右拾遗、尚书右丞、国子祭酒，德宗建中二年
（781年）封会稽郡公。

陪皇甫大夫谒禹庙

严　维

竹使羞殷荐，松龛拜夏词。

为鱼歌德后，舞羽降神时。

文卫瞻如在，精灵信有期。

夕阳陪醉止，塘上鸟咸迟。

——《全唐诗》

注：严维，越州山阴（今浙江绍兴）人。唐至德二年（757年）进
士，授诸暨尉。后历官河南节度府幕僚、河南尉、秘书郎等职。

禹庙神座，顷服金紫。苹自到镇，申牒礼司，重加衮冕。今因祈雨，偶成八韵

薛　苹

玉座新规盛，金章旧制非。

列城初执礼，清庙重垂衣。

不睹千箱咏，翻悉五稼微。

祗将蘋藻洁，宁在牷牢肥。

徒市行应谬，焚巫事亦违。

至诚期必感，昭报意犹希。

海日明朱槛，黳烟湿画旗。

回瞻郡城路，未欲背山归。

——《会稽掇英总集》

注：薛苹，郡望河中宝鼎（今山西万荣西南）。唐德宗建中三年（782年）任长安令；宪宗元和二年（807年），改任浙东观察使兼越州刺史。

题禹庙

孟　简

九土昔沦垫，八方抱殷忧。

哲王受洪范，群物承天休。

源委有所在，勤劳会东州。

稽山何峻极，清庙居上头。

律度非外事，辛壬宁少留。

歌谣自不去，覆载将何求。

灵长表远绩，经启著宏猷。

孰敢备佐命，天吴与阳侯。

元功余玉帛，茂实结松楸。

盖影庇风雨，湖光摇晃旒。

质明萧鼓作，通昔礼容脩。

驿牢设旧物，湾水配庶羞。

深沉本建极，傲很亦思柔。

阴怪尚奔走，灵徒如献酬。

恍疑仙驾动，静见宿云收。

竹树依积润，菰蒲托清流。

谬兹领百越，忽复历三秋。

丹恳谅可荐，庶几无年忧。

——《会稽掇英总集》

注：孟简，祖籍汝州梁县（今河南临汝），寓居吴中。唐德宗贞元七年（791年）登进士第，又登博学宏辞科。累官至司封郎中、谏议大夫。元和九年（841年），任浙东观察使兼越州刺史。

拜禹庙

元 稹

恢能咨岳日，悲慕羽山秋。

父陷功仍继，君名礼不雠。

洪水襄陵后，玄圭菲食由。

已甘鱼父子，翻荷粒咽喉。

古庙苍烟冷，寒庭翠柏稠。

马泥真骨动，龙画活晴留。

祀典稽千圣，孙谋绝一丘。

道虽污世载，恩岂酌沉浮。

洞穴探常近，图书即可求。

德崇人不惰，风在俗斯柔。

茭色湖光上，泉声雨脚收。

歌诗呈志义，箫鼓渎清猷。

史亦明勋最，时方怒校酋。

还希四载术，将以拯虞刘。

——《会稽掇英总集》

注：元稹，洛阳（今属河南）人。唐德宗贞元九年（793年）以明经擢第，后登书判拔萃科。长庆二年（822年）居宰相位，长庆三年（823年）任浙东观察使兼越州刺史。

祭禹庙回降雪五方二十韵

李　绅

太和八年十月，冬暄无雪。自访禹庙祈祷，其日回舟至湖半，阴云四合，飞霰大降者三日，积雪盈尺。浙江中流乃分阴雪，杭州并无所沾。

金奏云坛毕，同云拂雪来。

玉田千亩合，琼室万家开。

湖暗冰封镜，山明树变梅。

裂缯分井陌，连璧混楼台。

麻引诗人兴，盐牵谢女才。

细疑歌响尽，旋作舞腰回。

著水鹅毛失，铺松鹤羽摧。

半崖云掩映，当砌月徘徊。

遇物纤能状，随方七若裁。

玉花全缀萼，珠蚌尽呈胎。

志士书频照，鲛人抒正催。

妩妆凌粉匣，欺酒上琼杯。

海使迷奔辙，江涛认暗雷。

疾飘风作驭，轻集霰为媒。

剑客休矜利，农师正念摧。

瑞彰知有感，灵贶表无灾。

尧历占新庆，虞阶想旧陪。

粉凝鸾阁下，银结凤池隈。

鸡树花惊笑，龙池絮欲猜。

劳歌会稽守，遥祝永康哉。

——《全唐诗》

注：李绅，润州无锡（今江苏无锡）人。唐宪宗元和元年（806年）进士。文宗大和（太和）七年（833年），擢浙东观察使兼越州刺史。

禹 庙

李 绅

削平水土穷沧海，奋锸东南尽会稽。

山拥翠屏朝玉帛，穴通金阙架云霓。

秘文镂石藏青壁，宝检封云化紫泥。

清庙万年长血食，始知明德与天齐。

——《全唐诗》

渡西陵十六韵

李 绅

七年冬十有三日，早渡浙江，寒雨方霖，军吏悉在江次。越人年谷未成，霪雨不止，田亩侵溢，水不及穗者数寸。余至驿，命押衙裴行宗先斋祝辞，东望拜大禹庙，且以百姓请命，雨收云息，日朗三旬有五日，刈获皆毕，有以见神之不欺也（唐文宗大和七年即公元833年冬，李绅上任越州刺史；西陵，即今萧山西兴）。

雨送奔涛远，风收骇浪平。

截流张旗影，分岸走鼙声。

兽逐衔波涌，龟艨喷棹轻。

海门凝雾暗，江渚湿云横。

雁翼看舟子，鱼鳞辨水营。

骑交遮戍合，戈簇拥沙明。

谬履千夫长，将询百吏情。

下车占黍稷，冬雨害粢盛。

望祷依前圣，垂休冀厚生。

半江犹惨澹，全野已澄清。

爱景三辰朗，祥农万庾盈。

浦程通曲屿，海色媚重城。

弓日鞬櫜动，旗风虎豹争。

及郊挥白羽，八里卷红旌。

恺悌思陈力，端庄冀表诚。

临人与安俗，非焉奉师贞。

——《全唐诗》

题禹庙

崔　词

惟舜禅功始，惟尧锡命初。

九州方奠画，万壑遂横疏。

受箓尝开洞，过门不下车。

诸侯会玉帛，沧海荐图书。

玄默将遗世，崇高亦厌居。

耘田自有鸟，浚泽岂为鱼。

家及三王嗣，殷因百代如。

灵容肃清宇，衮服闭荒墟。

枣径愁云暮，松扉撤祭余。

叨荣陵寝邑，怀古益踌躇。

——《会稽掇英总集》

6. 五代·吴越国

题禹庙

钱 俶

千古英灵孰令谕,西来神宇压乾坤。

尘埃共锁梅梁在,星斗俱分剑独存。

蟾殿夜寒摇翠幌,麝炉春暖酬琼樽。

会稽山下秋风里,长放松声入庙门。

——《会稽掇英总集》

7. 宋代

祭末岁秋七月祷禹庙

潘 阆

万古稽山下,森森大禹祠。

幽人来暗祷,灵魄望潜知。

帝虑何频决,民忧业旋移。

自惭无异策,载拜泪双垂。

——《全宋诗》

题禹庙

齐 唐

削断龙门剑力闲,遗祠终古鉴湖边。

崑墟到海曾穷地，石穴藏书不记年。

春色门墙花滴雨，晓光台殿水浮烟。

涂山万国梯航集，告禅灵坛岂偶然。

——《会稽掇英总集》

访禹穴至阳明洞

张伯玉

宛委山前舣画船，攀萝渐入太霄边。

因寻大禹藏书穴，深入阳明古洞天。

万壑秋光含细籁，数峰寒玉立苍烟。

宝函金篆久稀阔，欲就皇人讲数篇。

——《会稽掇英总集》

题禹庙

蒋　白

大禹归天后，南惟此庙存。

屋腥龙挂影，岩黑电烧痕。

夜祭云间水，春鞘浪裹门。

至今疏凿水，敢不向东奔。

——《会稽掇英总集》

远瞩稽山，思夏后之功；俯瞰涛江，怀子胥之烈，赋古诗一首

赵构（南宋·高宗）

六龙转淮海，万骑临吴津。

王者本无外，驾言苏远民。

瞻彼草木秀，感此疮痍新。

登临望稽山，怀哉夏禹勤。

神功既盛大，后世蒙其仁。

愿同越勾践，焦思先吾身。

艰难胜遵养，圣贤有屈伸。

高风动君子，属意种蠡臣。

——宋嘉泰《会稽志》

夏　禹

王十朋

洪流浩浩浸寰区，民杂蛇龙鸟兽居。

长叹当时微帝力，苍生今日尽为鱼。

——《四库全书·集部·梅溪全集》

禹　庙

王十朋

越国遗民念帝功，稽山庙貌胜卑宫。

少陵莫叹丹青落，纸上丹青自不穷。

——《四库全书·集部·梅溪全集》

腊月望日出郊探春游告成观谒大禹祠酌菲饮泉遂至龙端宫观禹穴薄暮而还

王十朋

禹葬稽山不记年，丹青落尽庙依然。

神文秘在藏书穴，俭德流为菲饮泉。

龙瑞峰峦高近日，鉴湖烟水阔浮天。

东州佳气略经眼，自笑好奇如马迁。

——《四库全书·集部·梅溪全集》

禹　庙

王　阮

万世衣裳脱介鳞，一祠宁是报恩深。

长教天下江河顺，如慰胼胝手足心。

——《全宋诗》

新秋往来湖山间（四首之三）

陆　游

禹祠巍巍阅千代，广殿修廊半倾坏。

屹然遗室每摩挲，石长苔侵宇犹在。

去年已愧曳杖来，今者更用儿扶拜。

聊持一酌荐丹衷，衰疾龙踵神所贷。

——《陆游集》

禹庙赋

陆　游

世传禹治水，得玄女之符。予从乡人以暮春祭禹庙，徘徊于庭，思禹之功，而叹世之亡，稽首作赋曰：

呜呼！在昔洪水之危害也，浮乾端，浸坤轴。裂水石，卷草木。方洋徐行，弥漫平陆。浩浩荡荡，奔放泂伏。生者寄丘阜，死者葬鱼腹。蛇龙骄横，鬼神夜哭。其来也组练百万，铁壁千仞。日月无色，山岳俱震。大堤坚防，攻龁立尽。方舟利楫，辟易莫进。势极而折，千里一瞬。莽乎苍苍，继以饥馑。于是舜谋于庭，尧咨于朝。窘羲和，忧皋陶。伯夷莫施于典礼，后夔何假乎箫韶。禹于是时，怛然孤臣。耳目手足，亦均乎人。张天维于已绝，极救命于将湮。九土以奠，百谷以陈。阡陌鳞鳞，原隰畇畇。仰事俯育，熙熙终身。凡人之类至于今不泯者，禹之勤也。孟子曰：禹之行水也，行其所无事也。天以水之横流，浩莫之止，而听其自行，则冒汝之害，不可治已。于传有之，禹手胼而足胝，宫卑而食菲，娶涂山而遂去肾，不暇视其呱泣之子，则其勤劳亦至矣。然则孟子谓之行其所无事，何也？曰：世以己治水，而禹以水治水也。以己治水者，己与水交战，决东而西溢，堤南而弱圮。治于此而彼败，纷万绪之俱起。则沟浍可以杀人，涛澜作于平地。此鲧之所以殛死也。以水治水者，内不见己，外不见水，惟理之视。避其怒，导其波，引之为江为河为济为淮，汇之为潭为渊为沼为沚。盖滀于性之所安，而行乎势之不得已。方其怀山襄陵，驾空滔天，而吾以见其有安行地中之理矣。虽然，岂惟水哉，禹之服三苗，盖有得乎此矣。使禹有胜苗之心，则苗亦悖然有不服之意。流血漂杵，方自此始，其能格之干羽之间，谈笑之际耶？夫人之喜怒忧乐，始生而具。治水而不忧，伐苗而不怒，此禹之所以为禹也。禹不可得而见之矣，惟淡然忘我，超然为物者，其殆庶乎。

——《陆放翁全集》

大禹陵（会稽九颂之一）

诸葛兴

瞻越山兮镜之东，郁乔木兮岑丛。倚青霞兮窆石，枕碧流兮宝宫。端黻冕兮穆穆，列俎豆兮雍雍。梅为梁兮挟风雨，倏而来兮忽而去。芝产殿兮间见，橘垂庭兮犹古。壁腾辉兮桂荐瑞，书金简兮缄石匮。朝万王兮可想，探灵文兮何秘。嗟洚水兮横流，民昏垫兮隐忧。运大智兮无事，锡洪范兮叙畴。身劳兮五岳，迹书兮九州。宣王心兮不矜，迄四海兮歌讴。猗圣宋兮中兴，驻翠跸兮稽城。独怀勤兮旷代，粲奎文兮日星。扬舲兮拊鼓，吴歈兮郑舞。奠桂酒兮兰肴，庶几仿佛兮菲食卑宫之遗矩。

——宋嘉泰《会稽志·续志》

注：诸葛兴《会稽九颂·序》曰："兴世家会稽，俯仰岩壑。惟禹

所在，自少康建祠，今数千载，比年时和岁丰，邦人祀弗懈益虔……景仰先哲，因无谓感讽也，直曰颂云尔。"

谒禹庙

林景熙

万国曾朝会，群山尚郁盘。

严祠镇元璧，故代守黄冠。

窆入云根石，梁归雨气寒。

年年送春时，来拂藓碑看。

——康熙《会稽县志》

游禹庙

陈 起

何其来此地，重谒告成祠。

菲饮泉堪酌，桐棺事莫知。

蟾分丹桂影，龙矫老松枝。

拂石寻遗字，苔荒大业碑。

——《全宋诗》

8.元代

禹穴赋并序

杨维桢

会稽山为南镇，见《周礼·职方》，至于今祀典不废。人以不见

《禹贡》为疑。《禹贡》书治水起止，自扬州至于震泽，故会稽与浙河皆不登载。禹穴在会稽山，见《皇览》，又见《太史公书》。人以葬衣冠为疑。考帝少康封庶子于会稽，以奉守禹之祀，则禹穴在会稽无疑也。《真诰》以禹醉钟山而仙去，此异说之谬也。又以穴藏禹治水秘策者，尤谬。故辨其说以为赋：

追太史之东游兮，蹑夏后之巡踪。过会稽之巨镇兮，登宛委之神峰。曰群圣之所以栖兮，辟阳明之洞府。问东巡之故陵兮，固已失其窆所。绕古屋之云气兮，瞻衮冕之穹隆。雷霆掣夫铁锁兮，梅之梁兮已龙。秋空山其无人兮，挂长松之落日。枕荒草之芊眠兮，栖专车之朽骨。忽白日其有烂兮，射五色之神晶。窥神迹于一窦兮，眩太阴之窈冥。世以为衣冠之圹兮，神书之窦也。圭璧出乎耕土兮，彼巨石者不可扣也。曰玉匮之发书兮，遽渊沦而天飞，赖余策以汩鸿兮，复韫椟以秘之。夫以四载之跋履兮，亦云行其无事。锡玄圭以告成兮，始龟文之来瑞。何诞者之夸毗兮，异九畴而不经。使穴书之不泄兮，夫岂汩陈其五行，观连天之巨石兮，妙斧凿之无痕。南箭削乎其玉立兮，东娥接其雷奔。涂峰归期西北兮，执玉帛者万亿。夫既游而遂息兮，吾又何疑乎窀穸。绵祀典之常尊兮，石岂泐乎一拳。亡钟山之金酒兮，又何附会于妖仙。噫嘻！南望苍梧兮，东上会稽。九疑澒洞兮，窆石凄迷。秦之望兮低徊，悲沙丘兮不西。客有酾酒荒宫而和之以歌曰：稽之镇兮南之邦，纷万国兮来梯航。若有人兮东一方，酌予菲兮荐予芳。

舞大夏兮象德, 咏东海兮西江。

——嘉庆《山阴县志》

会稽山

黄镇成

巨镇东南表海邦, 玉书金简昔人藏。

云从禹会奔侯国, 星列周官奠职方。

野径莓苔秋树老, 穴山香火夕辉凉。

恭惟岁遍宗群祀, 敕使年年摄荐章。

——《秋声集》

9. 明代

会稽山

刘　基

会稽南镇夏王封, 蔽日腾空紫翠重。

阴壑烟霞辉草木, 古祠风雨出蛟龙。

玄夷此日归何处, 玉简他年岂再逢。

安得普天休战伐, 不令竹箭困输供!

——《诚意伯文集》

禹　庙

唐之淳

昔在帝尧时, 洪水滔天流。

鲧功既不竟，微禹吾其忧。

禹敷下土方，乃至于南州。

维南有会稽，玉帛朝诸侯。

少康封庶子，衣冠闷山丘。

遂令筑祠宫，俎豆岩之幽。

云何末代下，有穴肆探求。

明明太史公，秉笔欺吾俦。

岂知大圣人，天地同去留。

厥言在洪范，箕子授成周。

衣裳食息际，莫匪蒙灵休。

皇皇古丛祠，祀典明且修。

空梁诡龙变，亦足为神羞。

——万历三年《会稽县志》

会稽大禹庙

谢　肃

每上会稽何所作，长怀帝禹此巡游。

山横玉笥藏弓剑，殿绕梅龙护冕旒。

天地平成功有在，春秋飨祀礼仍修。

愿逢海内修文治，重考龟书布九畴。

——《浙江通志·艺文》

舟次涂山拜禹王庙

汪广洋

尧舜深嗟浲水流，禹王专任八年忧。

力排汉泗归溟壑，威逐龙蛇出海陬。

胼胝竟能安万国，衣裳端合会诸侯。

小臣再拜涂山下，瞻望余光在上头。

——《诚意伯文集·外三种·凤池吟稿》

谒禹陵

俞安期

木土开荒服，忧勤任圣躬。

八年忘内顾，四载毕前功。

历数虞咨及，巡游夏谚同。

会稽临绝徼，道里记方中。

玉帛诸侯集，梯舫万国通。

重辉扶舜日，后至戮防风。

论德人无间，传家祚莫终。

寝园非远隧，祠庙异卑宫。

祭本酬天孝，民犹俗尚忠。

穴深藏诡物，石立空神工。

秘守元夷使，奇探太史公。

为鱼心感叹，酌水意尊崇。

草莽成臣礼，精灵鉴鄙衷。

愿为松柏树，朝暮护青葱。

——《浙江通志·艺文》

次韵唐之淳《禹庙》诗

戴　冠

鲧父殛羽山，甚彼共工流。

岂敢仇帝诛，但当为民忧。

疏导凡八年，经营分九州。

一旦陟元后，万国来诸侯。

执中授虞舜，无间称孔丘。

南巡至会稽，龙逝江波幽。

死归竟成谶，弓剑不可求。

元圭告成功，万世无与俦。

空石隐古篆，遗迹今尚留。

寝殿面山阿，墓木罗道周。

三年荐香帛，皇明仰神休。

国祚绵无穷，祀事亦孔修。

我来从郡吏，纷拜陈芳羞。

——万历三年《会稽县志》

禹　陵

徐　渭

桓碑，窆石也。鱼，蠡也。杨梅树下，予疑禹穴在此。玉字，谓金简玉书也。

年来只读景纯书，此日登临似启予。

葬罢桓碑犹竖卵，封完玉字不通鱼。

杨梅树下人谁解，菡茗须中气所居。

即遣子长重到此，不过探胜立须臾。

——《徐渭集》

禹　陵

郑善夫

脱屣行探禹穴灵，万年鸿宝秘丹扃。

梅梁窆石空山里，想见虞廷旧典刑。

——雍正《浙江通志·艺文》

禹　穴

袁宏道

空石立如人，鼻穿腰半折。

不看碑头字，那知是禹穴。

栏楯半摧残，古文尽磨灭。

山高仰瘦容，松老添孙孽。

古屋闭狐妖，香台蹭豹迹。

——《袁中郎诗集》

窆石歌

张　岱

留此四千年，荒山一硕石。

闻有双玉圭，苍凉闭月日。

血皴在肤理，摩挲见筋渨。

呵护则龙蛇，烟云其饮食。

中藏故神奇，外貌反璞立。

所储金简书，千秋犹什袭。

此下有衣冠，何时得开出？

——《张岱诗文集》

禹　陵

顾炎武

大禹巡南守，相传此地崩。

礼同虞帝陟，神契鼎湖升。

窆石形模古，墟官世代仍。

探奇疑是穴，考典或言陵。

玉帛千年会，山河一气凭。

御香一敕使，主守付髡僧。

树暗岩云积，苔深壑雨蒸。

鸺鹠呼冢柏，蝙蝠下祠灯。

余烈犹于越，分封并杞鄫。

国谕明德祚，人有霸图称。

往者三光坠，江干一障乘。

投戈降北固，授予守西兴。

冲主常虚已，谋臣动自矜。

普天皆爵禄，无地使贤能。

合战山回雾，穷追海践冰。

蠡城迷白草，镜沼烂红菱。

樵采冈林遍，弓刀坞壁增。

遗文留仆碣，仄径长荒藤。

望古频搔首，嗟今更抚膺。

会稽山色好，凄恻独攀登。

——《明诗别裁集》

寻禹穴

黄宗羲

昔者太史公，万里探禹穴。

余为会稽人，至老游尚缺。

久息风尘慕，何故违清辙。

茫茫问禹迹，居人且未决。

多言窆石是，更无他曲析。

又言三百里，不为一隅说。

稽古按唐碑，阳明洞为核。

吾友董无休，门人施胜吉。

共坐黑箬篷，十里如电灭。

稍憩宗镜庵，放步迷烟霓。

攀萝迟遥响，不顾行縢裂。

窥刊崩石下，恍然玉堂设。

题名唐宋年，被彼怪藤啮。

摩娑手眼劳，方读忽又辍。

幸哉一字通，胜拾古环玦。

闻昔有洞门，今已遭阑截。

金简玉字文，护持有鬼孽。

惟有人间书，聊为太史窃。

我来三叹息，欲撞锢门铁。

洞中风飕飕，天空飞绛雪。

——《黄宗羲全集》

10. 清代

禹　陵

蒋平阶

橇辇逢尧祀，垂裳拜舜年。

剖圭开日月，瘗玉镇山川。

南幸游方豫，东巡驾不还。

衣冠辞岳牧，剑舄步神仙。

寝庙春常闭，宫车夜自悬。

千秋明德远，万众寸心虔。

海阔沧江外，星临斗柄前。

金茎留晓露，碧殿锁青烟。

魍魉犹留鼎，蛟龙想负船。

秦碑荒草合，汉時白云连。

苍水书难得，玄狐篆可传。

按图通百粤，泪尽九疑天。

——《清诗别裁集》

谒大禹陵

朱彝尊

夏后巡游地，茅峰会计时。

双圭开日月，四载集辎軿。

国有防风戮，书仍宛委披。

贡金三品入，执帛万方随。

相古洪流割，钦承帝曰咨。

寸阴轻尺璧，昆命有元龟。

自授庚辰籍，宁论祭甲期。

清都留玉女，恶浪锁支祁。

荒度功攸赖，平成理自宜。

神奸魑魅屏，典则子孙贻。

明德由来远，升遐迹在兹。

邱林无改列，弓剑祇同悲。

回首辞群后，伤心隔九疑。

鸟耘千亩遍，龙负一舟移。

断草山阿井，空亭岳麓碑。

茫茫怀旧迹，肃肃理荒祠。

黄屋神如在，桐棺记有之。

莚谁包桔柚，隧或守熊罴。

共讶梅梁失，因探穸石遗。

竭来凭吊处，拜首独陈辞。

——《清诗别裁集》

禹庙后壁画梅歌并序

曾　益

　　吾越禹庙经乱颓毁，顺治九年壬辰重修，焕然一新。仲冬，同朱腾之、张宗子、林叔含、魏子煌谒祠。适诵杜甫"古屋画龙蛇"句及"梅梁化龙"事，诸君顾予曰："盍画梅于壁以代之！"因授笔作二梅，并书"梅龙"二字于上；字径四尺，壁横二丈有四，高二丈有八。遂作歌以纪。

> 高天一声飞霹雳，回看禹庙双龙失。
>
> 屋头古画黯无存，梁间水藻久犹湿。
>
> 我来怀古试一探，寂寞空山忾今昔。
>
> 戏拈秃笔画双梅，浓处无尘淡无迹。
>
> 眠者如龙屈曲蟠，昂者干霄作龙立。
>
> 著花向背争离奇，有石参差学疏密。
>
> 由来神物解通灵，此梅宁肯终潜蛰。
>
> 翻疑注海苍龙逃，今被曾生偶捉得。
>
> 宛委依然在眼前，寒云叠叠浮春色。

——嘉庆《山阴县志》

禹　庙

毛奇龄

夏王四载告成功，别禅苗山起闷宫。

玉帛千秋新裸荐，衣冠万国旧来同。

金书瘗井封泥紫，空石悬花映篆红。

一自百川归海后，长留风雨在江东。

——《清诗别裁集》

禹　陵

毛奇龄

夏后南巡日，茅山启閟宫。

九川方洒涤，万国已来同。

宛委藏书古，衣冠辑瑞隆。

群侯遵会计，江汉仰朝宗。

祀重陪方镇，功成抑下洪。

层栏回彩凤，画地有黄龙。

藻染梁纹绿，花衔碑字红。

千秋新贡赋，八越旧登封。

颡首沧江外，抠衣缞殿中。

翘首明德远，去此欲何从。

——《毛奇龄合集》

谒大禹陵

康　熙

古庙青山下，登临晓霭中。

梅梁存旧迹，金简纪神功。

九载随刊力，千年统绪崇。

兹来荐蘩藻，瞻对率群工。

——嘉庆《山阴县志》

禹陵颂并序

康　熙

朕阅视河淮，省方浙地，会稽在望，爰渡钱塘，展拜大禹庙，瞻眺久之，敕有司岁加修葺，春秋苾祼，粢盛牲醴必丰必虔，以志崇报之意，时康熙二十八年二月十五日也。缅维大禹接二帝之心传，开三代之治运，昏垫既平，教稼明伦，由是而起，其有功于后世不浅，岂特当时利赖哉！朕自御宇以来，轸怀饥渴，留意河防，讲求疏浚，渐见底绩，周行川泽，益仰前徽，爰作颂曰：

下民其咨，圣人乃生。危微精一，允执相承。克勤克俭，不伐不矜。随山刊本，地平天成。九州始辨，万世永宁。六府三事，政教修明。会稽钜镇，五岳媲灵。兹惟其藏，陵谷式经。百神守护，松柏郁贞。仰止高山，时切景行。

——嘉庆《山阴县志》

窆石行

胡天游

禹穴祠前窆石在，苔苔立向四千岁。

大抵一丈含青蒸，海鲸牙穿厚地背。

桐棺下葬悬绯丽，故老流传未茫昧。

但看鼻纽不敢论，数字八分东汉存。

俗人不知礼所敬，溪女来过樵童扪。

禹时藏书果何有，或道金琢玉符此所守。

向石再拜问有无，生世益晚徒悲吁。

——嘉庆《山阴县志》

宛委山金简玉书歌

蒋士铨

符谶纷纷千百种，衰世邪言特繁冗。

妄传禹会拜琅函，不但周书开汲冢。

元冥失职当尧时，苍水使者彼为谁？

六经焚后杂小说，商周占梦皆可疑。

下流始兖终迄雍，遂赐元圭通赋贡。

江河归海乃入越，事后求书何所用？

伤心莫救羽山诛，干蛊忍听黄能诬。

宛委神人亦何物，敢问大禹称吾徒。

吁嗟乎！

马身龟背无文字，圣人取象通其意。

朝庭掩耳造天书，祥瑞从来等儿戏。

——《蒋士铨诗选》

谒大禹庙恭依皇祖元韵

乾 隆

展谒来巡祭，凭依对越中。

传心真贯道，底绩莫衡功。

勤俭鸿称永，仪型圣度崇。

深惟作民牧，益凛亮天工。

——嘉庆《山阴县志》

禹庙览古

乾 隆

得莅稽山峻，言瞻禹庙崇。

碑文拟衡岳，井穴达龙宫。

问讯传工部，栖迟遇义公。

镈于寻岂在，空柱恨难穷。

帆石终邻诞，梁梅久付空。

惟应敷土迹，天地并鸿功。

——嘉庆《山阴县志》

禹 陵

王 慧

明德弥苍昊，神功迈大庭。怀襄方尽力，胼胝极劳形。

草木开蒙昧，龙蛇涤秽腥。铸金九土贡，志怪八方经。

苍水先呈简，防风后至刑。相传弓剑弃，此地隧泉扃。

三古遗祠庙，千秋共荐馨。璧牲前代典，碑版列朝铭。

深殿从群后，空山走百灵。旧闻云罕驻，今见翠华停。

心法传河洛，天章焕日星。殊恩沾后裔，异数出明廷。

肃穆瞻新象，登临泊小舲。城垣辞镂琢，户牖炯丹青。

莫觅藏书穴，徒看空石亭。萝长貔窜迹，松老鹤修翎。

众水环襟带，诸峰列嶂屏。桥山同故事，寂寞对秋桐。

　　　　　　　　　　　　　——《清诗别裁集》

注：王慧，女，字兰韫，江南太仓人。学使王长源女，冰阑太守妹，常熟诸生朱方来室。《清诗别裁集》又载其《山阴道中三首》。

禹陵二十四韵

袁　枚

天地平成始，皇王禅让终。

一人生石纽，万古辟蚕丛。

玉斗胸垂象，金韬耳启聪。

寻书斋宛委，受牒作司空。

地险龙门凿，人功鸟道通。

为鱼援赤子，干蛊慰黄熊。

学裸姑徇俗，乘橇又转篷。

庚辰禽水怪，竖亥步崆峒。

贰负甘双桔，将军号百虫。

尝闻下车泣，忍过羽山东。

破石佳儿也，开山遁甲穷。

勤能师羿子，威不赦防风。

息壤波全奠，扶桑日更红。

过门心澹泊，造粉事朦胧。

铸鼎神奸列，遐方玉帛同。

偶然巡越甸，遽尔堕轩弓。

身自跳天上，椑应葬穴中。

葛绷烟露冷，阳眄水云空。

复土来苍鸟，南风送祝融。

江山犹拱侍，庙貌更穹隆。

真冷怀文命，偏枯想圣躬。

两厢环岳牧，九殿拜儿童。

窆石摩挲古，衡碑刻画工。

微臣擎旨酒，不敢献元宫。

——嘉庆《山阴县志》

禹　庙

方士颖

藏书宛委记东巡，庙僻稽山近与邻。

千祀豆笾传子姓，一堂圭璧列君臣。

衣冠窆石文元字，风雨梅梁画有神。

俗尚春游夸胜事，笙歌十里泛舟频。

——雍正《浙江县志·艺文》

后 记

大禹是中国远古时期的治水英雄和立国之祖,其记载于史书和流传于民间的丰功伟绩,折射出大禹近乎完美的人格和高尚的品德,并因之而成为中华民族传统精神的楷模。

出于对大禹的尊崇,中国大地的许多地区都有着生动形象的传说故事,大禹一生中的出生、婚娶、治水、立国等故事的发生地都有着许多的争论。而大禹死葬会稽,陵园存于绍兴,则史论民传,均言之凿凿。

绍兴大禹祭典,自夏初起至今,已承传四千余年,可分官祭、民祭两大部分。官祭,自夏帝启创制起,绵延至今;民祭,以会稽姒姓宗族祭脉络最为清晰,发端于少康封无余于越,守祀大禹陵寝时。整个大禹祭典的历史有着起源古远、规格崇高、祭祀频繁、脉络清晰等特点,更由于会稽大禹陵守陵村的存在和姒姓宗族祭的延续而独具特色。

大禹祭典,承传有序,延续至今。对之进行保护承传,以弘扬大禹精神,不仅有着深厚的历史意义,而且,在现代社会的精神文化建设和旅游经济建设等方面均有着巨大的现实意义。2006年6月2日，绍兴大禹祭典列入国家首批非物质文化遗产，受到人民政府的进一步重视和保护，足见其社会价值、文化价值和历史价值的远大。

本书着重阐述大禹祭典产生和延续的自然地理环境、社会经济环境和历史人文环境，介绍大禹祭典的缘起、形成和沿革以及承传保护的情况，以让人们对大禹祭典有个比较简明、直观的了解。文中部分摘引了孙建忠先生著《大禹陵志》的内容，对其史料调查印证之充分，深感钦佩，并在此致谢。同时，感谢民俗学专家吕洪年教授对书稿认真审读，并提出宝贵的修改意见。

由于编撰时间颇为紧迫，加上笔者水平有限，文字间及论述中，难免有失之偏颇或存在着错误，有请方家不吝指正。

吴　军　罗海笛

2008年10月

出版人　蒋　恒
项目统筹　邹　亮
责任编辑　方　妍
装帧设计　任惠安
责任校对　钱锦生

装帧顾问　张　望

图书在版编目（ＣＩＰ）数据

绍兴大禹祭典/吴军，罗海迪编著.−杭州：浙江摄影
出版社，2009.5（2023.1重印）
（浙江省非物质文化遗产代表作丛书/杨建新主编）
ISBN 978−7−80686−789−1

Ⅰ.绍…　Ⅱ.①吴…②罗…　Ⅲ.禹−祭祀遗址−简介−
绍兴市　Ⅳ.K878.21

中国版本图书馆CIP数据核字（2009）第077921号

绍兴大禹祭典

吴　军　罗海笛　编著

出版发行　浙江摄影出版社
　　　　　　地址　杭州市体育场路347号
　　　　　　邮编　310006
　　　　　　网址　www.photo.zjcb.com
　　　　　　电话　0571−85170300−61010
　　　　　　传真　0571−85159574
经　销　全国新华书店
制　版　浙江新华图文制作有限公司
印　刷　廊坊市印艺阁数字科技有限公司
开　本　960mm×1270mm　1/32
印　张　6.25
2009年5月第1版　2023年1月第2次印刷
ISBN 978−7−80686−789−1

定　价　50.00元